Ясен Николов

СТОПАНСКАТА НЕПОНОСИМОСТ И НЕПРЕОДОЛИМАТА СИЛА В БЪЛГАРСКОТО ПРАВО

София 2013 г.

На Марто и на Ива –

с благодарност за подкрепата

през всичките тези години

Съдържание:

ПРЕДГОВОР

Настоящото съчинение има за задача да хвърли светлина върху институти на правото, които сравнително рядко са били обект на внимание през последните двадесет години. Развити подробно от българските автори през първата половина на миналия век (предимно Л. Диков и С. Ангелов), „отмрели" и „погребани" от социалистическото право, днес те отново се явяват пред нас като „спасителни пояси" във време на криза. Време, което поставя на изпитание нормалното и безпротиворечиво развитие на частноправните отношения.

Институтите се намират систематично в Търговския закон, което дава основание на някои автори (П. Голева) да застъпват тезата, че те не намират приложение и при гражданскоправните отношения, а са поставени в рамките единствено на търговското право. Настоящото съчинение се опитва да преодолее аргументирано този възглед. Следва още тук да бъде отбелязано, че физическите и юридическите лица на гражданското право в не по-малка степен се нуждаят от закрилата на нормите, регулиращи двата института. И те търпят негативните последици на световната финансова криза, като се явяват неспособни да предвидят и преодолеят последствията от последната.

Книгата е разделена на две части, като първата е посветена на института на стопанската непоносимост, а втората – на непреодолимата сила. Двата института се явяват много близки, следват една и съща правна и икономическа логика, и това налага разглеждането им в едно съчинение.

Институтите на стопанската непоносимост и непреодолимата сила са призвани да намерят оня баланс между изпълнението, от една страна, и справедливостта, от друга, който да е най-полезен за обществото като цяло. Прочее, този баланс има и прагматичен модус, доколкото негова функция е да стимулира положителния ход на икономиката.

Искрено се надявам книгата да бъде полезна за юридическата общност в България, както и за онези юристи извън България, които се занимават със сравнителноправни изследвания. Впоследствие тя ще бъде публикувана и на други езици, за да може достъпът до нея да бъде още по-широк. Искам да благодаря специално на проф. д-р Огнян Герджиков, без чиито бележки трудът нямаше да бъде същият.

ЧАСТ I
СТОПАНСКАТА НЕПОНОСИМОСТ

1. Въведение и исторически бележки.

Правните субекти винаги сключват един договор при определена съвкупност от обективни фактически обстоятелства, които в една или друга степен трябва да са налице, за да се постигнат целите на договора и които мотивират страните, за да се обвържат. Тези обстоятелства образуват правната основа на договора, неговото основание[1] (Geschäftsgrundlage). Те неизбежно търпят промени от момента на сключването на договора до неговото изпълнение, особено когато този период е по-продължителен, както е обикновено при договорите с трайно изпълнение. Тези промени са част от нормалния ход на живота, а загубите, които те понякога донасят на страните, са част от нормалния риск, който поемат участниците в стопанския живот. В определени периоди от историята обаче настъпват необикновени смущения в стопанския живот, при които икономическата основа на договора е променена изцяло и настъпват коренни промени в съотношението между насрещните престации. С други думи, това, за което се е задължил длъжникът към момента на сключването на

---

[1] Теорията за основата на договора е развита за първи път от П. Ортман (Paul Oertmann) и следва по време теорията на Б. Виндшайд за недоразвитото условие. Ролята на тези двама учени за теоретическото обосноваване на стопанската непоносимост се споделя и в литературата – така Стойчев, К. Измененията на договорните задължения поради промяна в обстоятелствата: исторически и сравнителноправен анализ на възгледа. – Правна мисъл, 1997, № 2, с. 22. Вж. също Калайджиев, А. Облигационно право. Обща част. С.: Сиби, 2007, с. 318.

договора, е нещо напълно различно към момента на изпълнението. В този случай стриктното спазване на принципа на точното изпълнение би довело до резултати, които противоречат на справедливостта и добросъвестността. Тъкмо стопанската непоносимост е този институт, който е предназначен да отчете станалите след сключването на един договор[2] непредвидени и непредвидими промени на обективните обстоятелства, които са съществували при сключването му. По този начин се получава съществено противоречие между института на стопанската непоносимост и принципа за задължителната сила на договорите (pacta sunt servanda)[3], прогласен у нас в чл. 20а от Закона за задълженията и договорите (ЗЗД)[4]. Още повече, че чл. 81, ал. 2 ЗЗД постановява категорично, че обстоятелството, че длъжникът не разполага с парични средства за изпълнение на задължението, не го освобождава от отговорност. Законодателят е предоставил разрешаването на тези противоречия на фактическата преценка на правоприложителя чрез максимално общата формулировка на чл. 307 от Търговския закон (ТЗ).

---

[2] Предмет на внимание в настоящата статия е институтът на стопанската непоносимост в частното право, но не и в международното публично право. За clausula rebus sic stantibus в международното публично право – вж. Narang, P. Encyclopaedic Dictionary of Business Organization. V. I. New Delhi: Sarup & Sons, 1999, p. 151; Wheaton, H. Elements of international law. London, p. 336.

[3] Неслучайно R. Zimmermann. The law of obligations: Roman foundations of the civilian tradition. New York: Oxford University Press, 1996, p. 579 отбелязва, че clausula rebus sic stantibus осъществява едно от най-опасните посегателства върху принципа pacta sunt servanda. Това насочва вниманието към необходимостта от внимателното прилагане на института.

[4] Така Стойчев, К. Цит. съч., с. 15.

Исторически институтът е извикан на живот от школата на постглосаторите[5], вдъхновена вероятно от съчиненията на Цицерон и Сенека[6], която е приемала, че в договорите съществува едно неписано условие (conditio tacita) за непроменимост на обстоятелствата, при които страните се считат обвързани – clausula rebus sic stantibus. Според това разбиране договорът престава да бъде задължителен, при последващо изменение на обстоятелствата, съществували при неговото сключване. Тъкмо отклонението от задължителната сила на договора е и един от най-големите недостатъци на учението за непоносимостта, който обрича това

---

[5] Това разбиране за произхода на института не е безспорно, макар и да се възприема от преобладаващия брой автори. Вж. Диков, Л. Институтът на clausula rebus sic stantibus в частното право. – Търговско право, 1994, № 1, с. 75. Авторът отбелязва, че не съществуват данни за учението за clausula rebus sic stantibus в римското право и споделя, че мнението, че корените на института трябва да се търсят във времето на постглосаторите, е преобладаващо. Макар и да споменава, че институтът не е познат на римското право, R. Zimmermann. Op. cit., p. 579 пише, че идеи за отклонение от задължителната сила на договорите се съдържат в някои съчинения на римски философи, като например „De officiis" на Цицерон, където е посочено, че вложен меч не се връща на влогодателя, ако последният е полудял. Това е пример за обстоятелства, стоящи извън договора, които, без да има изрична уговорка, водят до отпадане на задължителната сила на договора. Все пак обаче, тези конструкции са твърде далечни от днешната представа за стопанска непоносимост. Затова ми се струва пресилено мнението на К. Стойчев. Цит. съч., с. 16. за това, че под влиянието на идеите на римските юристи започват да се оформят контурите на clausula rebus sic stantibus. Вж. и Hartkamp, A., E. Hondius. Towards a European civil code. Nijmegen: Kluwer Law International, 2004, p. 39. Според авторите доктрината за clausula rebus sic stantibus е изградена най-вероятно на римски основи, въпреки че е била непозната на римското право.
[6] Вж. MacQueen, H., A. Vaquer, S. Espiau (Eds.). Regional private laws and codification in Europe. Cambridge: Cambridge University Press, 2003, p. 55.

учение на забрава в края на 18. и през 19. век – време, през което идеите за икономическия либерализъм и правната сигурност вземат връх[7]. За последното играе роля и до известна степен изкуственият характер на учението за недоразвитото условие на Б. Виндшайд („Voraussetzungslehre"), опитващо се да обясни стопанската непоносимост[8]. Нуждата от прилагането на непоносимостта на престациите се поставя по категоричен начин от науката и съдебната практика след първата световна война, особено в загубилите държави, където са се развивали значителни неблагоприятни инфлационни процеси[9]. Понастоящем

---

[7] Така Zimmermann, R. Op. cit., p. 579.

[8] Разбирането за мълчаливо изразено от страните волеизявление под формата на условие, че договорът следва да се измени или прекрати при настъпването на определени обстоятелства, е трудно защитимо. От една страна, е трудно да се вмени във воля на страните нещо, което те не са имали намерение да ги обвърже. Иначе те биха го включили изрично в договора. От друга страна, възможността от непредвидена и непредвидима промяна на обстоятелствата, каквато е налице при стопанската непоносимост, е тъкмо заради това непредвидима, защото въобще не е достигнала до съзнанието на страните, когато са сключвали договора, нито са я предвиждали. Това е и причината тази теория да не бъде възприета от създателите на BGB, а оттук – и на целия институт на стопанската непоносимост, за който в BGB не е включено общо правило. Едва през 2002 г., с реформата в немското облигационно право (Schuldrechtsreform), в § 313 BGB е намерила кодифициран израз доктрината за отпадането на правната основа на договора (Wegfall der Geschäftsgrundlage). Освен това, неправилно акцентът се поставя върху несбъдването на предполаганото от страните развитие на нещата, а не на самото изменение, респ. неизменение на обективните дадености.

[9] След Първата световна война в Германия се развива доктрината за отпадането на правната основа на договора (Wegfall der Geschäftsgrundlage), която продължава да бъде споделяна в немското договорно право и през втората половина на 20. век – така: Zimmermann, R.. Op. cit., p. 582, а от 2002 г. е кодифицирана в § 313 BGB. Наименованието на доктрината се свързва с факта, че

институтът на стопанската непоносимост е отново актуален във време на световна икономическа криза, когато инфлационните процеси могат да доведат до съществено нарушаване на еквивалентността на насрещните престации. Въпреки това обаче, съдилищата у нас са предпазливи и прилагането на института е рядкост. Това причинява допълнителни трудности в изясняването на непоносимостта, тъй като практиката е тази, която следва да запълни бланкетната празнина в относително определената норма на чл. 307 ТЗ.

2. Същност, конститутивни белези, фактически състав и ред за упражняване.

2.1. Същност. Общите предпоставки за приложението на института на стопанската непоносимост са закрепени нормативно в чл. 307 ТЗ[10], а

при промяната на обстоятелствата е разрушена цялата договорна основа. Тази доктрина обаче обосновава наличието на непоносимост при засягане както на обективната, така и на субективната основа на договора. Докато българската правна система не приема, че ще се прилага чл. 307 ТЗ при грешки в субективните възприятия на страните. Във Великобритания, от своя страна, широко разпространение добива понятието безрезултатност (frustration) на договора, включваща стопанската непоносимост и невъзможността за изпълнение в най-широк смисъл. Още тук следва да се отбележи, че непоносимостта е институт, различен от невъзможността за изпълнение, тъй като при нея изпълнението е възможно, но крайно обременително за длъжника – ТР 2-97-ОСГК. Въпреки това, в някои решения на Германския имперски съд (Reichsgericht) от началото на миналия век, се застъпва разбирането, че стопанската непоносимост представлява икономическа невъзможност за изпълнение, която се приравнява на юридическа такава.

[10] Разпоредби, касаещи стопанската непоносимост, се съдържат и в други закони. Така, съгласно чл. 16, ал. 1 от Закона за арендата в земеделието (ЗАЗ), ако след сключване на договора за аренда

именно – да са настъпили такива обстоятелства, които страните не са могли и не са били длъжни да предвидят, и запазването на договора да противоречи на справедливостта и добросъвестността. Разпоредбата е твърде общо формулирана[11], което дава голяма свобода на съда при фактическата преценка за това дали запазването на договора такъв, какъвто е, противоречи на правилата на справедливостта и добросъвестността в гражданския оборот. Все пак обаче, въпреки дадената на правоприложителя възможност да доразвива нормата на чл. 307 ТЗ, е необходимо да бъдат изведени критерии, макар и общи, които да поставят приложението на института в определени правни рамки. Последното е необходимо, за да има сигурност в оборота и, от една страна, да не се допусне твърде широкото прилагане на института, а от друга – да не се препятства възможността той да изиграе своята роля като коректив за повече справедливост при изпълнение на правните задължения.

Стопанската непоносимост като институт се свързва с настъпването на непредвидени и непредвидими обстоятелства от извънреден характер, причиняващи прекомерно и

обстоятелствата, от които страните са се ръководили при уреждане на отношенията си, се изменят трайно и това доведе до очевидно несъответствие между поетите от тях задължения, всяка от страните може да поиска изменение на договора. Чл. 266, ал. 2 ЗЗД съдържа частна хипотеза на възстановяване на еквивалентността на престациите.

[11] Нормата е относително определена (ius aequum) – така Матеева, Е. Необходими промени в уредбата на стопанската непоносимост по чл. 307 от Търговския закон. – Във: Съвременното право – проблеми и тенденции. С.: Сиби, 2011, с. 243. Повече за относително определените норми – вж. Павлова, М. Гражданско право – обща част, С., 2002, с. 115.

противоречащо на правилата за честност, почтеност и коректност несъответствие между престациите на страните по един двустранен договор, в резултат на което възниква защитимо по съдебен ред субективно потестативно право на засегнатата страна да иска изменение на договора или прекратяването му изцяло или отчасти.

Интересно е съотношението между включената в един договор клауза за непроменимост на обстоятелствата и нормата на чл. 307 ТЗ. Следва да се изясни дали винаги договорната клауза има предимство пред общата норма на чл. 307 ТЗ и какъв е характерът на нормата. Ако страните са уговорили по-широко приложно поле на клаузата от това в закона – например, че договорът ще се измени не само когато запазването му противоречи на добросъвестността и справедливостта, но и когато има определен по-нисък процент на инфлация, то тогава ще се приложи уговореното между страните. Те могат да се съгласят също, че договорът ще се измени или прекрати например при изгубено доверие между тях, когато съглашението е intuitu personae. Но се поставя въпросът какво ще е приложението на института ако страните са се споразумели изрично, че договорът ще се запази в първоначалния вариант, независимо от последвалото изменение на обстоятелства или поставят такива изисквания за изменение, респ. прекратяване на договора, че фактически да препятстват прилагането на стопанската непоносимост. Смятам, че такава договорка не може да изключи действието на чл. 307 ТЗ. Една от характерните черти на стопанската непоносимост е да служи като корректив на принципа за задължителната сила на договорите (pacta sunt servanda). Когато запазването на договора в първоначалния му вариант противоречи на принципите на справедливостта и добросъвестността, то не може да се отдаде приоритет на rigor iuris (твърдостта на правото) и на pacta sunt servanda. Нормата на чл. 307 ТЗ в тази си част е създадена в полза на поставената в икономически обременено положение страна и следователно – в обществен интерес. Това означава, че могат да бъдат уговаряни по-благоприятни условия за засегнатата страна, но не и да се поставя преграда пред прилагането на чл. 307 ТЗ. Страните могат да разширят приложното поле на института, но не и да го стеснят, лишавайки по този начин по-слабата страна от защита, а оттук – и обезсмисляйки целия институт. Следователно нормата на чл. 307 ТЗ е диспозитивна със задължителна граница[12] – тя поставя праг, след който винаги е налице стопанска непоносимост, а именно – запазването на договора след настъпването на непредвидените и непредвидими обстоятелства да противоречи на справедливостта и добросъвестността. Обратното мнение се застъпва в шестото издание на учебника по облигационно право на проф. А. Калайджиев[13]. Според автора правилото на чл. 307 ТЗ не е императивно и не е създадено в обществен интерес.

---

[12] Вж. за диспозитивните норми със задължителна граница Павлова, М. Цит. съч., с. 111.

[13] Калайджиев, А. Облигационно право. Обща част. С.: Сиби, 2013, с.334. До известна степен е вярно съждението, изразено в определение № 988 от 31.07.2009 г. по гр. д. № 479/2009 г., г. к., IV г. о. на ВКС, че „страните по договора могат да прехвърлят риска... дори за последиците от действието на непреодолима сила", но не може да се сподели застъпеното мнение в решение № 219 от 17.12.2004 г. по гр. д. № 518/2004 г. на Ямболски окръжен съд, че договорящите могат да преодолеят правилата, касаещи случайното събитие и непреодолимата сила, със самия договор – чл. 20а ЗЗД – мнение, което повтаря и проф. Калайджиев.

Единственият аргумент, който се използва е, че щом правилата за случайно събитие и непреодолима сила могат да бъдат дерогирани от волята на страните, значи и приложението на разпоредбата на чл. 307 ТЗ може да бъде стеснено и дори изключено. Но на това разбиране могат да бъдат противопоставени няколко реда възражения.

Както разпоредбата на чл. 307, така и тази на чл. 306 ТЗ са създадени в обществен интерес и следователно имат императивен характер. На първо място, ако се приеме противното, означава, че икономически по-силната страна може да наложи на другата страна тя да поеме редица рискове, стеснявайки своята отговорност. Едва ли има някакво съмнение, че тя ще се възползва от тази възможност, ако се приеме разбирането, че цитираните норми са диспозитивни. А така ще се обезсмисли съществуването и на двата института.

Не може да бъде стеснявано или дори изключвано приложението на чл. 306 и 307 ТЗ, както и да бъде възложен рискът на нетърговец (който често е икономически по-слабата страна) тъкмо поради императивния характер на разпоредбите. Проф. Калайджиев пропуска и факта, че когато се касае за потребителски договор, ще е налице неравноправна клауза, доколкото е налице някое от изискванията на чл. 143 от Закона за защита на потребителите (ЗЗП). Няма съмнение, че ако се възприеме позицията на проф. Калайджиев, ролята на институтите да бъдат корректив на pacta sunt servanda в извънредни ситуации ще бъде обезсмислена.

2.2. Наличие на двустранен договор. Нормативната уредба дава възможност да се изведат основните елементи на фактическия състав на стопанската непоносимост, но част от белезите се извеждат от доктрината и от съдебната практика, поради оскъдната уредба в закона. На първо място, необходимо е да има сключен договор от типа на двустранните престационни договори[14], тъй като само при тях е възможно да бъде нарушена еквивалентността на насрещните престации. Договорът трябва да не е нищожен, а ако е унищожаем – да не е унищожен. Същевременно някои престижни частноправни кодификации, какъвто е Законът-модел за европейското частно право (Model Rules of European Private Law), разпростират приложението на стопанската непоносимост и по отношение на правоотношения, породили се от едностранни сделки – чл. III-1:110, ал. 2 DCFR (Draft Common Frame of Reference)[15]. Прилагането на стопанската непоносимост и по отношение на едностранните сделки не може да бъде споделено не само защото чл. 307 ТЗ ограничава приложното поле до договорите, но и защото разбирането противоречи на самата същност на института. Стопанската непоносимост е призвана да коригира последиците от онези големи, непредвидени и непредвидими трудности, които разместват из основи еквивалентността на насрещните престации при двустранните синалагматични договори, при които всяка страна е длъжник на другата[16]. Само при

---

[14] Така Матеева, Е. Цит. съч., с. 234.
[15] Пак там, 234-235. Вж. и von Bar, Ch., E. Clive, H. Schulte-Nölke, H. Beale, J. Herre, J. Huet, M. Storme, S. Swann, P. Varul, A. Veneziano, F. Zoll (Eds.). Principles, Definitions and Model Rules of European Private Law: Draft Common Frame of Reference (DCFR). Outline Edition. Munich: Sellier. European law publishers, 2009, p. 579.

двустранните договори възникват насрещни задължения, при които е възможно да има еквивалентност. Това разбиране е свързано с т.нар. теория за еквивалентността на престациите при двустранните договори на немския юрист Крюкман (Krückmann)[17]. Най-вероятно авторите на цитираната кодификация са имали желанието да не изключват a priori теоретичното приложение на clausula rebus sic stantibus при едностранните сделки. Но практическото осъществяване на това разбиране няма как да стане факт.

2.3. Непосредствени и опосредени цели на страните. За да бъде разбран правилно институтът на стопанската непоносимост е необходимо да се разбере основанието за поемането на задължението от страна на длъжника в един двустранен синалагматичен договор. Целите, поради които длъжникът се задължава, са най-общо два вида – непосредствена и опосредена цел[18]. Непосредствената цел е получаването на насрещната престация от другата страна по договора, а опосредената – реализиране на икономическа печалба. Последната е по принцип ирелевантна за правото. Това е така, защото иначе би се накърнил принципът на правната сигурност, а позоваването на по-далечни цели от страните, освен че би затормозило стопанския оборот, би могло да доведе до злоупотреба с права. В

---

[16] Така Герджиков О. Търговски сделки, С.: Труд и право, 2008, с. 55. В този смисъл е и определение 780-2009-I т.о.

[17] Вж. Стойчев, К. Цит. съч., 21-22; Диков, Л. Институтът на clausula rebus sic stantibus в частното право (прод. от бр. 1/1994 г.). – Търговско право, 1994, № 2, 60-61.

[18] Така Диков, Л. Институтът на clausula rebus sic stantibus в частното право – Търговско право, 1994, № 1, с. 69. Авторът говори за непосредствена и посредствена цел на страните.

същото време обаче опосредената цел е основанието за прилагането на института на стопанската непоносимост, онзи икономически критерий, който служи за преценка на това дали запазването на договора противоречи на справедливостта и добросъвестността. Тъкмо опосредената цел е мотивът на длъжника да получи насрещната престация. И ако последната се е обезценила, тази цел няма как да бъде постигната, а сключването на договора би се обезсмислило за длъжника. С други думи, в някои случаи длъжникът може да получи нещо напълно различно, от това, което са предвиждали страните, макар и формално полученото да отговаря на уговореното в договора. Тук не става дума за загуби, които са резултат на нормален стопански риск, който страните обичайно предвиждат, а ако не са го предвидили, са били длъжни да го направят. В случая се касае за промени, които надвишават по степен онези, които обичайно стават. Промените в икономическите условия са от такова естество, че са засегнали цялата стопанска основа на договора, с оглед на която страните по него са уговорили своите престации.

    2.4. Еквивалентност на престациите. Еквивалентността на престациите следва да се преценява като се отчита тази опосредена икономическа цел на длъжника. Не трябва да се забравя, че страните по договора преценяват доколко и кога насрещните престации при определен договор имат еквивалентен характер. Преценката за еквивалентността на имущественото разместване се основава на икономически и субективни, а не на обективни критерии[19]. С други думи, нашата

---

[19] Така Калайджиев, А. Цит. съч., 116-117.

гражданскоправна теория е възприела разбирането за субективната еквивалентност. От преценката на страните зависи дали е налице равноценност на престациите, а не от обективното им аритметично съпоставяне, разбира се, доколкото не е налице крайна нужда – чл. 33 ЗЗД. Във времево отношение се касае за последваща, неочаквана нееквивалентност, която възниква по-късно – към момента на изпълнението, а не за уговорена, респ. очаквана такава. По това тя трябва да се различава от т.нар. изначална нееквивалентност, намерила място в чл. 33 ЗЗД[20]. В същото време, институтите на laesio enormis и на clausula rebus sic stantibus са от малкото случаи в нашето право, когато нееквивалентността на престациите е основание да се допусне отклонение от иначе непоклатимото разбиране за обвързващата сила на договорите.

2.5. *Стопанска* непоносимост. За стопанския характер на непоносимостта указва заглавието на разпоредбата на чл. 307 ТЗ. Но съдържанието на самия текст на пръв поглед изглежда, че сякаш е по-тясно от това на заглавието – в него се говори за настъпили „обстоятелства", без да се уточнява техният характер. Това дава основание на някои автори да тълкуват по-широко непоносимостта и да отнесат приложението ѝ освен на плоскостта на стопанските причини, и относно нравствени причини като изгубено доверие между страните при договорите intuitu personae[21]. Това мнение трудно може да бъде споделено. От една страна, ако законодателят не е уточнил стопанския характер на измененията в самия текст на разпоредбата, то е защото

---

[20] Вж. Таков, К. Предварителни договори – някои неизяснени аспекти. – Търговско право, 2004, № 1, 32-62.
[21] Пак там. Авторът не привежда допълнителни аргументи в подкрепа на своята теза.

го е направил в заглавието, избягвайки последващо повторение[22]. От друга страна, основната функция на стопанската непоносимост, в съвременния си вариант, е да осигури именно икономическа еквивалентност на уговорените престации. Вярно е, че исторически доктрината за clausula rebus sic stantibus е обосновавала съществуването на едно предполагащо се условие за непроменимост на обстоятелства от всякакъв характер, включително извън стопанската сфера[23]. Впрочем и сега страните по един договор могат да включат такава клауза изрично в договорите, които сключват, за да защитят интересите си. Тяхната воля по принцип би могла да се извежда и по пътя на тълкуването на договорите, щом като те не са я изразили изрично – чл. 20 ЗЗД. Но ми се струва пресилено извеждането на мълчаливо включено в договора условие за непроменимост на обстоятелствата, като изгубено

---

[22] Съгласно чл. 29 от Указ № 883 за прилагане на закона за нормативните актове (УПЗНА) заглавието на даден член от кодекс или закон „изразява неговото главно съдържание“. Тълкуването на разпоредбите с помощта на наименованието на структурните единици, където те се намират, изразява тълкувателната техника „a rubrica“ – вж. Ташев, Р. Теория на тълкуването. С.: Сиби, 2007, с. 231.

[23] Такъв е и примерът, даден от Цицерон в „De officiis“, когато даденият във влог меч не се връща на влогодателя, щом като последният е полудял: "Si gladium quis apud te sana mente deposuerit, repetat insaniens, reddere peccatum sit, officium non reddere" – вж. Crowe, M. B. The Changing Profile of the Natural Law. Great Britain: Springer, 1977, p. 189. Вж. и Schermaier, M. Mistake, Misrepresentation and Precontractual Duties to Inform: The Civil Law Tradition. In: Sefton-Green, R. Mistake, Fraud and Duties to Inform in European Contract Law. Cambridge: Cambridge University Press, 2005, p. 58. Това е едно изключение от принципа за връщане на даденото на собственика на една вещ, когато той я поиска, тъй като иначе връщането би било опасно (за самия него и за околните) и неразумно.

доверие например, именно защото волята за такова условие не е била налице към момента на сключването. С други думи, страните биха го уговорили изрично, ако са предвиждали такава промяна, а ако тя е била непредвидима – как бихме извеждали тълкувателно нещо, което не е било част от съзнанието и волята на страните при сключването на договора? От друга страна, ако впоследствие е налице воля у страните за изменение или прекратяване на договора, поради изгубено доверие, те разполагат с други правни средства. Тъкмо за да избегне проблемите при прилагането на института, извън случаите когато страните са включили в договорите си клаузи за непроменимост на обстоятелствата, законодателят регламентира *стопанската* непоносимост в чл. 307 ТЗ, оставяйки поле на страните да се споразумеят за нещо друго дотолкова, доколкото не слизат под минималната защита, давана от разпоредбата.

2.6. Приложимост при дългосрочните договори – със задължения за трайно или еднократно изпълнение. Някои автори ограничават приложното поле на института само при договорите с продължително или периодично изпълнение[24], тъй като само при тях е възможно настъпването на съществена промяна, релевантна за стопанската непоносимост[25].

---

[24] По-точно е да се говори за *задължения* за продължително и периодично изпълнение, които са разновидности на по-общия вид задължения за трайно изпълнение, макар и чл. 88, ал. 1 ЗЗД да говори за *договори* за продължително и периодично изпълнение – така Калайджиев, А. Цит. съч., с. 173. Това е така, тъй като в един договор страните може да са поели задължения и за трайно, и за еднократно изпълнение.
[25] Така Герджиков, О. Цит. съч., с. 55. Вж. и Стайков, И. Институтът на clausula rebus sic stantibus в действащото българско търговско право. – Съвременно право, 1998, № 1, 71-81.

Това разбиране не може да бъде безрезервно споделено. Вярно е, че институтът намира основно приложение при този тип договори, поради по-продължителното им действие. Но не може да се отрече възможността за проявление на стопанската непоносимост при договорите, респ. задълженията за еднократно изпълнение. От една страна, и при тях е възможно действието им да протече през по-продължителен период, например когато изпълнението им е обусловено от настъпването на условие. От друга страна, самата промяна може да е внезапна и едновременно с това непредвидима – например при избухване на война или настъпване на природно бедствие. Може да се обобщи, че практическото приложение на стопанската непоносимост е най-често при задълженията за трайно изпълнение и при договорите, изпълнението на които е отложено с модалитет[26], които могат да бъдат обозначени с понятието дългосрочни договори[27].

2.7. Приложимост и в гражданскоправните отношения. Същевременно, въпреки че уредбата се намира в систематичното място на Търговския закон, посветено на търговските сделки, почти общоприето е в литературата, че изпълнението може да е непоносимо и при гражданскоправните договори, тъй като принципите на справедливостта и добросъвестността са общи за гражданското право – чл. 12; чл. 59, ал. 1; чл.

---

[26] Вж. Диков, Л. Институтът на clausula rebus sic stantibus в частното право (прод. от бр. 1/1994 г.)..., 65-66. Авторът дава казус, стоял на вниманието на Германския имперски съд (Reichsgericht) през 1921 г., който включва договор за продажба с условие. Съгласно последния, страните са уговорили като време за изпълнение деня, в който ще са изминали 45 дни от момента, в който бъде вдигната блокадата на Германия.

[27] Вж. Стойчев, К. Цит. съч., с. 21.

63, ал. 1 ЗЗД. Затова не може да се сподели позицията, че ЗЗД остава верен докрай на принципа за задължителната сила на договора, когато престацията е възможна, докато други специални закони – Търговският закон и Законът за арендата в земеделието, смекчават тази категоричност, като уреждат института на стопанската непоносимост[28]. Вярно е, че чл. 81, ал. 2 ЗЗД установява правилото, че когато задължението е парично, а оттук – и за родово определени вещи, то е винаги възможно, а длъжникът не се освобождава от отговорност. Но това е принципът, а от него има изключения като непреодолимата сила и случайното събитие. При стопанската непоносимост задължението на длъжника е все още възможно, но запазването на дълга в същата степен противоречи на принципите на справедливостта и добросъвестността. В този смисъл, изключението от принципа, че длъжникът не се освобождава от отговорност, намира проявление и при стопанската непоносимост. Щом като чл. 307 ТЗ се отнася до търговците, които са професионалисти и разполагат с по-голям опит да предвиждат риска в стопанския оборот, то на още по-голямо основание това правило трябва да важи и за нетърговците, при които появата на такава нееквивалентност на престациите би било още по-несправедливо и противоречащо на добросъвестността. Общоприето е в литературата, че някои по-нови правила на търговското право, се прилагат и за гражданското право – такива са непреодолимата сила, стопанската непоносимост и други[29]. Това се обуславя от двупосочната генетична и

---

[28] Пак там, с. 21.
[29] Така Калайджиев А. Търговско право – обща част. С.: Труд и право, 2010, с. 17.

функционална връзка, която съществува между гражданското и търговското право.

Нещо повече, допълнителен аргумент за приложимостта на института на стопанската непоносимост в гражданскоправните отношения е и наличието на специални правила в ЗЗД. Така, чл. 266, ал. 2 ЗЗД може да се определи като частна хипотеза на стопанската непоносимост. Според това правило, ако през време на изпълнението на договора надлежно определената цена на материала или на работната ръка бъде изменена, възнаграждението се изменя съответно, макар и да е било уговорено изцяло. От общата разпоредба на чл. 307 ТЗ, то се отличава с по-тясното си приложно поле, а именно, че (1) се отнася до договора за изработка, когато при настъпило изменение на (2.1) цената на материала и/или (2.2) на работната ръка, се (3) изменя възнаграждението на изпълнителя (но не се прекратява договорът). Друго правило, даващо възможност на длъжника да унищожи договора, макар и престацията да е възможна, е чл. 33 ЗЗД[30]. Включването на приложното поле на стопанската непоносимост в гражданското право като цяло е необходимо с оглед на това да се намери балансът между справедливостта и rigor iuris (твърдостта на правото), и в гражданскоправните отношения[31].

---

[30] За разлика от стопанската непоносимост обаче, където нееквивалентността на престациите настъпва впоследствие – след сключването на договора, но преди изпълнението, то при крайната нужда се касае за начална нееквивалентност.

[31] Вж. Zimmermann, R. Roman law, contemporary law, European law: the civilian tradition today. New York: Oxford University Press, 2001, p. 81.

3. Промени на първоначалните обстоятелства.
Необходимо е да бъдат характеризирани и промените
на обстоятелствата, които са релевантни за стопанската
непоносимост. Основната причина за твърде общото
формулиране на института в закона е, че определянето
по нормативен път на причините, които могат да
предизвикат промяна на обстоятелствата, е невъзможно
да стане по позитивен път. От една страна, не е
възможно изброяване на досега известните причини,
тъй като дългият списък повече би затруднил
правоприложителя, отколкото би му помогнал, а в
също то време би бил винаги непълен. От друга,
немислимо е да се предвидят онези причини, които
биха се появили в бъдеще[32].

**3.1. Промените да не са причинени от
страните.** Безспорно е обаче, че промените на
обстоятелствата не трябва да бъдат следствие от деяния
на договарящите страни, които искат да се ползват от
института на стопанската непоносимост[33]. Ако това
разбиране не е изразено в закона, то е поради неговата
очевидност. Ако страната, която се позовава на
непоносимостта, е причинила изменението на
обстоятелствата, то изменението на обстоятелствата,
макар и в нейна вреда, няма да представлява основание
за прилагането на института. От една страна, в този
случай запазването на договора няма да противоречи
нито на справедливостта, нито на добросъвестността,
както изисква чл. 307 ТЗ, защото е налице злоупотреба
с право[34]. Позоваването на чл. 307 ТЗ е именно

---

[32] Така Диков, Л. Институтът на clausula rebus sic stantibus в
частното право. – Търговско право, 1994, № 1, 76-77.
[33] Пак там, с. 77. Авторът не привежда допълнителни аргументи в
подкрепа на тезата си, тъкмо поради нейната очевидност.
[34] Повече за злоупотребата с право – вж. Павлова, М. Цит. съч.,

намерение за увреждане на другата страна по смисъла на чл. 289 ТЗ и е израз на субективната теория за злоупотреба с право, изразена в ТЗ. От друга страна, изискването за непредвидимост на нововъзникналите обстоятелства, което чл. 307 ТЗ дава, указва на факта, че тези нови обстоятелства са външни на страните. Щом като те са били извън волята на договарящите страни при сключването на договора, то няма как те да се причинят от самите договарящи. С други думи, няма как едно лице да твърди непредвидимост на промяната и едновременно с това то да я е причинило.

3.2. Промените да са извън сферата на влияние на страните. Освен това, за да намери приложение стопанската непоносимост, трябва променените обстоятелства не само да са извън контрола на длъжника, но и да са извън неговата сфера на влияние, в рамките на която той носи отговорност за поетия от него риск (Risikosphäre)[35]. Това е свързано с факта, че стопанската дейност е рискова и в определени случаи е нормално правните субекти да търпят определени загуби. Когато те са могли да предвидят, че е твърде вероятно да настъпят съществени изменения на обстоятелствата[36] и са имали възможност да избегнат техните неблагоприятни последици като (1) не се обвържат или (2) като включат клаузи за

211-214.

[35] Вж. Beatson, J., D. Friedmann. Good faith and fault in contract law. New York: Oxford University Press, 1997, p. 183.

[36] Вж. Диков, Л. Институтът на clausula rebus sic stantibus в частното право (прод. от бр. 1/1994 г.)…, 65-66. Авторът дава за пример случай от 1921 г. в Германия, при който Германският имперски съд (Reichsgericht) отказва да приеме твърденията на длъжника за хипотеза на стопанска непоносимост, тъй като при сключването на договора войната се е била затегнала и той е могъл да отчете възможните икономически промени.

непроменимост на обстоятелствата в договорите, които сключват, не е допустимо те да искат изменение или прекратяване на договора на основание чл. 307 ТЗ. Сферата на влияние има две проявления, които служат за критерий за преценка относно наличието на непоносимост на престацията. От една страна, когато промените са били в сферата на влияние на длъжника, той е длъжен да ги предвиди, съгласно изискването на чл. 307 ТЗ. От друга страна, тази сфера отчита и размера на станалите промени. До определена степен те са част от нормалния риск, който обичайно поемат стопанските субекти и са неизбежно съпътстващи нормалния ход на живота. Макар и да не е определено като изискване в Търговския закон, измененията трябва да са *значителни* и да водят до *изключителна* диспропорция в насрещните престации или, ако се използва терминологията на чл. 6:111, ал. 2 от Принципите на европейското договорно право (PECL) – изпълнението на договора да стане извънмерно обременително[37] (excessively onerous).

3.3. Промените да следват сключването на договора и да предхождат неговото изпълнение. В същото време, промените на обстоятелствата трябва да са настъпили след сключването на договора, защото в противен случай няма да бъдат непредвидени и непредвидими, освен ако страните не са били в грешка в мотивите за сключването на сделката или в преценката за икономическата ѝ целесъобразност. А липсата на субективна основа на договора не е релевантна за стопанската непоносимост в нашата правна система, за разлика от немската например[38].

---

[37] Вж. Закон за задълженията и договорите. Поредица джобни издания. Съст., прев. и анот. К. Таков, 7. изд., С: Сиби, 2010, с. 282.

Субективната основа на договора са обстоятелствата, които са били очевидни в преговорния процес и които са накарали страните да сключат договора, докато обективната основа са обстоятелствата, които логично трябва да са налице, за да се постигнат целите на договора[39]. За началната нееквивалентност на престациите е предвидено друго правно средство, а именно унищожаването на договора поради крайна нужда – чл. 33 ЗЗД. Но ако се касае за търговска сделка, сключена между търговци, дори и този правен институт не може да бъде използван – чл. 297 ТЗ.

Необходимо е промените на обстоятелствата да са станали преди окончателното изпълнение на договора, когато правоотношението между страните е вече прекратено. Проф. Л. Диков поставя въпроса какво е положението когато е сключен един двустранен договор, при който едната страна е изпълнила своите задължения, а другата още не е[40]? Като се изхожда от факта, че изпълненото задължение стои в икономическа зависимост с насрещната престация и че то е изпълнено, за да се получи тази престация, която е еквивалентна на даденото или направеното, следва да се приеме, че не бива да се изключва приложението на института в този случай. Ако приемем обратното означава да накажем длъжника не защото не са налице елементите на фактическия състав на непоносимостта, а защото последният добросъвестно е изпълнил задължението си. А ако не е изпълнил – да може да иска

---

[38] Вж. Матеева, Е. Цит съч., 241-242. Неправилната преценка за изгодността на един договор не може да бъде компенсирана с последващо позоваване на чл. 307 ТЗ.

[39] Така Beatson, J., D. Friedmann. Op. cit., p. 184.

[40] Вж. Диков, Л. Институтът на clausula rebus sic stantibus в частното право. – Търговско право, 1994, № 1, 77-78.

изменение, респ. прекратяване на договора. Не съществуват убедителни правно-догматични и правно-политически аргументи в полза на това разбиране. Затова следва да се възприеме тезата за допустимостта на стопанската непоносимост във въпросния случай, тъй като договорното правоотношение не е прекратено, от една страна, а от друга – запазването му в първоначалния вариант противоречи на справедливостта и добросъвестността по смисъла на чл. 307 ТЗ.

3.4. Обективен характер на промените. Релевантните промени следва да са обективно съществуващи. Те могат да се случат в действителността в две проявления. От една страна, това е случаят, когато обективно съществувалите при сключването на един договор обстоятелства са се изменили след това, а от друга – когато дадени обстоятелства според обичайния ход на нещата е трябвало да се променят, а неочаквано това не е станало. Ирелевантни са субективните очаквания на страните и промените в тяхното съзнание. Това разбиране е свързано с неприложимостта на доктрината за отпадането на субективната основа на договора у нас (вж. **3.3.**).

4. Възможност на изпълнението. Отлика от непреодолимата сила и случайното събитие. За да се приложи институтът на непоносимостта е нужно същевременно, както се отбелязва в решение от 17.07.2009 г. по ВАД № 91 от 2009 г. на АС при БТПП, изпълнението да е *възможно*, тъй като стопанската непоносимост е институт, който е различен и субсидиарен на случайното събитие и непреодолимата сила. Това произтича от същностната разлика между

29

тези институти, която следва да бъде разгледана, за да не се допуска смесване. В този смисъл не може да бъде споделено изразеното в р. 255-2002-V г.о. характеризиране на института на стопанската непоносимост, според което след сключване на договора настъпват такива непредвидени и *непреодолими* обстоятелства, които поначало не правят невъзможно изпълнението, но самото изпълнение би довело до несправедливо и в противоречие с добросъвестността състояние за длъжника. Вярно е, че изпълнението е все още възможно след изменението на условията, но характеризирането на обстоятелствата като непреодолими е релевантно за непреодолимата сила и случайното събитие, но не и за стопанската непоносимост[41]. Основната разлика между тези институти е, че при първите два[42] изпълнението е съвършено невъзможно, а при clausula rebus sic stantibus – просто по-обременително. Така, при случайното събитие и непреодолимата сила има същинска невъзможност за изпълнение, а не просто трудности за длъжника, които могат да се преодолеят, макар че са прекомерно обременителни за него. В същото време, при задълженията за родово определени вещи длъжникът по принцип не може да изпадне в невъзможност за изпълнение, тъй като той винаги може да си ги набави, дори и в даден момент да не разполага с такива[43]. Обратно, и престации за родово определени вещи може да са стопански непоносими.

---

[41] Като че ли смесва clausula rebus sic stantibus с vis major и Д. Тончев. Коментар върху Закона за задълженията и договорите. Том V. С.: Книжарницата Ц. Н. Чолаков, 1930, с. 199.
[42] Още по-точно е да се каже, че непреодолимата сила е квалифициран случай на случайното събитие – така Калайджиев, А. Облигационно..., с. 316.

5. Непредвиденост и непредвидимост на изменението. Непредвидеността и непредвидимостта на последващото изменение на обстоятелствата трябва да са налице, за да се прояви институтът на стопанската непоносимост. Непредвидеността се свързва с фактическата, реална и конкретна липса на представа у страните относно бъдещите изключителни промени на икономическите условия, докато непредвидимостта включва в себе си два аспекта, които трябва едновременно да са налични – (1) страните да не могат нормално и логически да очакват такива промени при конкретната фактическа обстановка и (2) да не са били длъжни да го сторят. Вторият аспект на непредвидимостта логически предпоставя първия. От друга страна, непредвидимостта на обстоятелствата води закономерно до тяхната непредвиденост, тъй като ако страните не са били във възможност да предвидят измененията́ на стопанските условия, то няма как реално да са го направили. Обратното обаче не е вярно – възможно е страните по договора фактически да не са предвидили промените, макар и да са могли и/или да са били длъжни да го направят. Това навежда на заключението, че по отношение установяване на наличието на стопанска непоносимост непредвидимостта е логическият prius, а непредвидеността – posterius. Иначе казано, щом като правоприложителят установи непредвидимост, значи и двете категории са налице.

---

[43] От правилото, че родът не погива, съществуват изключения. Възможно е всички вещи от даден род да погинат, особено ако са малък брой. Но това важи най-вече, когато вещта е определена в договора много подробно и тясно.

Тъкмо заради това нашият законодател поставя акцента върху непредвидимостта, като разпоредбата на чл. 307 ТЗ субсумира като релевантни за непоносимостта обстоятелства, които страните едновременно не са могли и не са били длъжни да предвидят. Това е едно от проявленията на разбирането за сфера на влияние, респ. риск (Risikosphäre) на страните, в рамките на която те могат или са длъжни да предвидят настъпването на неблагоприятни за тях обективни промени на обстоятелствата. Преценката за това дали промените са могли да бъдат предвидени от страните и дали те са били длъжни да ги предвидят се прави на база на осредения критерий за разумен, грижлив и добре информиран човек (т.нар. Normaltypus)[44]. Необходимо е страните да са положили дължимата грижа да предвидят изменението на икономическите условия, за да могат те след това да се позовават на разпоредбата на чл. 307 ТЗ[45]. За нетърговците това е грижата на добрия стопанин, докато за търговците – грижата на добрия търговец, поради по-високите изисквания към тях като професионалисти.

6. Критериите на справедливостта и добросъвестността. На следващо място, изменението трябва да е такова, че запазването на първоначалното съдържание на договора да е противно едновременно на справедливостта[46] и добросъвестността. Тези критерии

---

[44] Вж. Матеева, Е. Цит. съч., с. 239.
[45] Така Калайджиев, А. Облигационно…, с. 319.
[46] Справедливостта се разглежда като източник на гражданското и търговското право, от една страна, а от друга – като правен принцип. В настоящето изложение се има предвид второто ѝ значение, тъй като чл. 307 ТЗ визира именно значението ѝ на

осъществяват две диаметрално противоположни функции. От една страна, те поставят известна граница за прилагането на института, тъй като иначе би имало непоносимост при всяко настъпване на непредвидени и непредвидими обстоятелства. Така от принципа на справедливостта се извежда прекомерният характер на промените и съществената последваща нееквивалентност на престациите, които иначе не са изрично закрепени нормативно. От друга страна, тази граница е твърде плаваща и неопределена, тъй като предоставя голяма свобода на съда за преценка. В този смисъл, законодателното им закрепване може да се разглежда не толкова като опит на законодателя да постави рамка на приложение на непоносимостта, колкото да се освободи от тази отговорност, предоставяйки я на съда. Този извод следва от факта, че принципите на справедливостта и добросъвестността са общи за гражданското и търговското право[47] и те, като общи начала, се прилагат и без това да е предвидено конкретно в дадена разпоредба. Иначе казано, тези принципи биха се прилагали при стопанска непоносимост и без това да беше изрично предвидено в чл. 307 ЗЗД. Това, което е направил законодателят, посочвайки ги изрично, е да даде приоритет специално на справедливостта и добросъвестността. Принципите са максимално общо формулирани и поради това

принцип – вж. Калайджиев, А. Облигационно..., с. 319. Обратно Герджиков, О. (в съавт.) Коментар на търговския закон. Кн. I. С.: Софи-Р, 2007, с. 48. Авторът обаче не разкрива съдържанието на справедливостта като източник на търговското право.

[47] Вж. Павлова, М. Цит. съч., 47-49; Калайджиев, А. Търговско..., с. 20. Значението на добросъвестността като принцип на гражданското право не е общоприето в литературата. Поради общия й характер обаче считам, че тя се отнася към принципите, общи за гражданското право.

доктрината и практиката са призвани да ги запълнят с конкретно съдържание. Въпреки всичко, това съдържание не освобождава съда от конкретна преценка за всеки отделен случай. Това се дължи на факта, че при относително определените норми твърде трудно може да се изведе общо от частното, което да е универсално валидно и обратно – разнообразните частни хипотези твърде често не се вместват в тесните рамки на предварително зададените дефиниции.

6.1. Противоречие със справедливостта. На принципа на справедливостта се отдава различно значение от различните автори. Според някои, справедливостта означава защита на всеки признат от нормите на правото интерес, като се търси максимално съчетаване на интересите на отделните правни субекти[48]. Други приемат, че принципът на справедливостта е синоним на еквивалентност[49]. И двете разбирания са принципно верни, като се направи уточнението, че второто е частен случай на първото и не обхваща в себе си всички проявления на принципа. Нееквивалентността на две престации не винаги означава противоречие със справедливостта. Както се отбеляза, българската правна система споделя субективната теория за еквивалентността. Страните решават дали насрещните престации са еквивалентни не на база математическото равенство между тях, а на субективните им разбирания. Дори и да има известно разминаване и нееквивалентност, това не означава само по себе си несправедливост. Последната ще е налице едва когато еквивалентността е прекомерно, съществено нарушена още при сключването на

---

[48] Така Павлова, М. Цит. съч., с. 47.
[49] Така Калайджиев, А. Търговско…, с. 20.

договора (при крайната нужда) или впоследствие (при стопанската непоносимост). Именно извънмерният характер на нееквивалентността е онзи фактор, който дава основание и налага на съда да приложи разпоредбата на чл. 307 ТЗ. Може да се заключи, че *несправедливото изпълнение е налице, когато съществено е нарушена еквивалентността на насрещните престации, а стриктното придържане към уговореното ще доведе до една неоправдана експлоатация на длъжника*. Промените предизвикват едно съществено несъответствие между стойността на престацията на длъжника и насрещната контрапрестация[50]. На прекомерния характер на промените следва да се настои, защото това произтича от същността на самия институт на стопанската непоносимост. Затова, с оглед на по-ясната законодателна уредба, следва да се направи предложение de lege ferenda в посока на това, да се уреди разрешението, намерило място в чл. 6:111, ал 2 PECL (Принципи на европейското договорно право), че изпълнението на договора поради промяната на обстоятелствата трябва да стане „извънмерно обременително", за да сме в хипотезата на стопанска непоносимост. За установяването на прекомерността на измененията и в по-общ план – на това дали има противоречие с принципа на справедливостта, е необходимо да се направи конкретна преценка дали при сключването на договора е съществувала за задължената страна по-голяма свобода на действие или

---

[50] За необходимостта от фундаментална промяна на обстоятелствата вж. Brunner, Ch. Force Majeure and Hardship under General Contract Principles: Exemption for Non-performance in International Arbitration. Netherlands: Kluwer Law International, 2009, p. 401.

не, както и дали конкуренцията не я е заставяла да се подчини на диктуваните от насрещната страна условия, или самата тя е определяла такива[51].

Някои автори поставят изискването икономическото равновесие да се е променило изведнъж, за кратък период от време, за да е налице несправедливост[52]. На това разбиране следва да се възрази. Под несправедливост в случая се разбира прекомерна нееквивалентност на престациите. Такава може да възникне и ако равновесието се е променило постепенно, но значително, особено при договорите, съдържащи задължения за трайно изпълнение, чието действие може да продължава години. Разбира се, практическите хипотези за възникване на чрезмерно несъответствие между насрещните престации са свързани най-често с резки и неочаквани промени, като войни, природни бедствия и др. Но това не винаги е така и не бива да се изключват a priori възможни хипотези, за които законът не поставя граници.

6.2. Противоречие с добросъвестността. Добросъвестността може да се разглежда първо като незнание на дадени обстоятелства, което води до определени правни последици и второ – като нравствено-етична категория. В настоящето изследване се има предвид второто значение на това понятие. Добросъвестността има по-тясно значение от морала и добрите нрави[53] и включва изискванията за честност, почтеност и коректност в поведението на частноправните субекти. В този смисъл тя е

---

[51] Така Калайджиев, А. Облигационно…, с. 320, както и Диков, Л. Институтът на clausula rebus sic stantibus в частното право (прод. от бр. 1/1994 г.)…, с. 67.

[52] Така Калайджиев, А. Облигационно…, с. 319.

[53] Вж. Павлова, М. Цит. съч., с. 90.

извънправна категория, която подлежи на фактическа преценка и има променливо съдържание през историческите епохи в различните общества и сред различните групи в обществото. Но в известни случаи законодателят ѝ придава правно значение. Така, добросъвестността е един от критериите за тълкуване на правните сделки – чл. 20 ЗЗД, както и нормативно закрепен коректив за водене на преговори, респ. сключване на договори (чл. 12 ЗЗД) и за изпълнение на правните задължения (чл. 63, ал. 1 ЗЗД).

В същото време, когато се говори за недобросъвестност при стопанската непоносимост, не може да не се отчете т.нар. сфера на влияние, респ. риск (Risikosphäre). Това означава, че макар и престацията на длъжника да е несправедлива (да е настъпила значителна нееквивалентност с контрапрестацията), тя може да е в съответствие с добросъвестността. Така е, когато длъжникът е поел един риск, който е могъл да избегне, например като включи клауза за непроменимост в договора. Макар промените да са били неочаквани от длъжника, самата дейност може да е рискова по своя характер, което налага правните субекти да търпят загуби в определени случаи. Все пак обаче границата между нормалния риск и непоносимостта е плаваща и подлежаща на преценка във всеки конкретен случай. Това препятства възможността да бъде изведено общо и универсално правило.

На последно място, недобросъвестно е запазването на един договор, когато обществените интереси налагат да не бъде разорена засегнатата страна. За да се направи тази преценка е необходимо да се оцени дали всеки един правен субект би изпаднал в същото състояние при конкретните фактически и правни условия. Иначе казано, трябва да се използва осредненият критерий за зрял, опитен, разумен, добросъвестно действащ човек, като се отчита и принадлежността му към определена професионална група или прослойка. Така, едно е дължимото и добросъвестно поведение при търговците, които са професионалисти и при по-неопитните гражданскоправни субекти – нетърговци. Не трябва да се допуска приложението на непоносимостта в случаи, при които неравновесието е причинено от нерационалното поведение на едно лице. Това изискване е тясно свързано с необходимостта промените да не са следствие от поведението на самите страни по договора и е допълнителен аргумент в тази насока. Може да се заключи, че *недобросъвестността при стопанската непоносимост означава запазването на договора да противоречи на критериите за честност, почтеност, лоялност и коректност в гражданския оборот, както и станалите промени по степен да бъдат толкова силни, че от гледището на обществения интерес да налагат едно запазване на икономическото съществуване на засегнатата страна дотолкова, доколкото последната е действала разумно, добросъвестно и в границите на нормалния стопански риск.*

Когато се говори за стопанската непоносимост, обикновено се разсъждава от гледна точка на интересите на длъжника и доколко те налагат да намери приложение този институт. Но е безспорно необходимо при тази преценка да се оценят и кредиторовите интереси, за да се разбере дали наистина запазването на договора противоречи на справедливостта и добросъвестността, както изисква чл. 307 ТЗ. Така, ако вследствие на поискано от длъжника прекратяване на един договор поради непоносимост на престацията, за кредитора би се породила вреда, чиито размер е близък до вредата, която ще се създаде за длъжника, то договорното задължение следва да се запази[54].

7. Ред за упражняване. Почти общоприето е в правната доктрина и в съдебната практика, че искът по чл. 307 ТЗ е конститутивен, а активно легитимирана да предяви иска е всяка от страните, в качеството ѝ на длъжник спрямо насрещната страна по договора – така р. 918-99-V г.о., р. 255-02-V г.о., определение 478-03-V г.о., определение 780-09-I т.о., определение 144-10-II т.о. и други[55]. Доколкото се касае за правомощие на съда да приспособи една търговска сделка към нововъзникнали обстоятелства, то съдът разглежда спора по реда на особеното исково производство по търговски спорове – чл. 365 и сл. ГПК. Длъжникът трябва да докаже настъпването на обстоятелствата, водещи до съществена нееквивалентност на насрещните престации, както и причинната връзка между тях и стопанската непоносимост на престацията. В този смисъл се касае за упражняването на едно субективно потестативно право. Съобразно това дали с него се иска изменение или прекратяване на договора, това право е от категорията на правопроменящите или правопрекратяващите. По-конкретно, длъжникът може да иска (1) изменение на договора, (2) цялостно прекратяване на договора или (3) частично прекратяване на договора – чл. 307 ТЗ. Съдът е

---

[54] Така Ангелов, С. Стопанска непоносимост на изпълнението. – Търговско право, 2002, № 5, 101-102.
[55] Така Герджиков, О. Търговски…, с. 56.

обвързан от искането на страната и не може да постановява изменение на договора, щом се иска неговото прекратяване, както и обратно.

Според друго разбиране, изхождащо от позицията, че спорът по чл. 307 ТЗ е неправен, съдът не действа като правораздавателен орган, а осъществява администрация на гражданските отношения[56]. Ако се възприеме това схващане, означава да се приеме, че решението на съда няма да има изпълнителна сила и сила на пресъдено нещо, а ще поражда само материалноправни последици. На това разбиране следва да се възрази. Предвидената в чл. 307 ТЗ правна възможност на длъжника по правоотношението да предизвика правна промяна в правната сфера на насрещната страна по правоотношението, независимо от нейната воля, е тъкмо преобразуващо право. Наред с това, в чл. 307 ТЗ изрично е предвидено, че това потестативно право се упражнява по съдебен ред и следователно е налице правен интерес от предявяването на конститутивен иск. С последния се иска от съда да разгледа един правен спор и да постанови произтичащата от съдържанието на преобразуващото право промяна на правоотношението между спорещите страни. С оглед на изясняване на спорната проблематика относно характера на производството обаче, считам, че процесуалноправната материя следва да бъде предмет на самостоятелно изследване.

---

[56] Така Калайджиев, А. Облигационно..., с 321; Иванова, Р., Б. Пунев, С. Чернев. Коментар на новия граждански процесуален кодекс. С.: Труд и право, 2008, с. 537. В полза на тезата, че спорът в хипотезата на стопанска непоносимост има не правен, а икономически характер, вж. Сталев, Ж., А. Мингова, В. Попова, Р. Иванова. Българско гражданско процесуално право. С.: Сиела, 2004, с. 667.

8. Заключение. В отклонение от принципа pacta sunt servanda съдът може по искане на една от страните да измени или прекрати един двустранен договор изцяло или отчасти, когато са настъпили такива непредвидени и непредвидими обстоятелства от извънреден характер, които причиняват прекомерно и противоречащо на правилата за честност, почтеност, лоялност и коректност несъответствие между престациите на страните по договора. Причината за появата на института на стопанската непоносимост са нуждите на практиката, която в определени случаи не се вмества в твърдите разбирания на правото за задължителната сила на договорите и налага това разбиране да бъде преразгледано. В същото време, всеки път, когато правните субекти сключват един договор, те са решени да се обвържат дори и когато обстоятелствата се променят. Промяната е неизбежна, независимо от спокойствието в икономическия живот и тя не може да бъде основание за позоваване на чл. 307 ТЗ всеки път, в който стане факт. Но при внимателното вглеждане в разпоредбата на чл. 307 ТЗ като единствени критерии за прилагането ѝ за въздигнати непредвидимостта, добросъвестността и справедливостта. И ако първият е сравнително конкретен, то последните два са толкова общо формулирани, че се стига дотам цялата тежест от преценката да се стовари върху съда.

Вярно е, че нормативната уредба не може да обхване всички практически хипотези, а всяко дефиниране е опасно, поради винаги непълния характер на определението. Но има и критерии, които са безспорни от гледна точка на релевантността им по отношение на стопанската непоносимост и бидейки

41

общи, отново са по-конкретни от широко формулираните принципи, които и без това са общи за гражданското и търговското право. Затова е необходимо да се направят някои предложения de lege ferenda в насока да бъдат въздигнати нормативно такива конститутивни белези на стопанската непоносимост, които са безспорни в доктрината, както и да се отчетат модерните тенденции в договорното право в сравнителноправен мащаб. Те включват необходимостта да бъдат закрепени изискванията за прекомерен характер на несъответствието между насрещните престации, респ. изключителна обременителност за длъжника, настъпване на промяната на обстоятелствата след сключването на договора, респ. преди неговото изпълнение (като се закрепи последицата при изпълнение само на една от престациите по двустранния договор), промяната да не е била причинена от страните (т.е. да е външна), нито да е била в границите на нормалния риск, страните да могат да уговарят само по-благоприятни за засегнатата страна условия от предвидените в закона и др. Така по-точно ще бъде отразена нормативно същността на института, ще бъде отчетен опитът от неговото практическо и доктринално осветляване и ще бъде улеснен правоприложителят.

ЧАСТ II
НЕПРЕОДОЛИМАТА СИЛА

1. Понятие и приложно поле.

Изпълнението е крайната и закономерна цел на едно облигационно или търговско отношение. Нормалният завършек е постигането на дължимия резултат – интересът на кредитора да бъде удовлетворен, а длъжникът да бъде освободен от обвързаността си. Но в някои случаи това не е възможно – и то не поради умисъл или неполагане на дължимата грижа от страна на длъжника, а заради настъпване на едно непредвидимо от длъжника случайно събитие с непреодолими последици[57], което прави изпълнението невъзможно след сключването на договора[58]. Към тези хипотези правото не може да остане безразлично. Така е, защото длъжникът по правило не може да отговаря за неблагоприятните последици на такова развитие на отношението, поради принципа, че без вина няма отговорност. Такава е идеята на чл. 81, ал. 1 от Закона за задълженията и договорите (ЗЗД), който постановява, че длъжникът не отговаря, ако невъзможността за изпълнението се дължи на причина, която не може да му се вмени във вина. Иначе казано, тогава е достатъчно длъжникът да обори презумпцията за вина за неизпълнението, за да бъде екскулпиран[59]. Единствено когато задължението е

---

[57] При случайното събитие последиците са непреодолими тъкмо защото длъжникът не е могъл, а и не е бил длъжен да предвиди настъпването на събитието.

[58] Става следователно дума за последваща, а не за начална невъзможност.

[59] В литературата се посочва, че оборването на презумпцията за вина освобождава длъжника от отговорност, „но това не означава,

за родово определени престации, тогава той не може да бъде освободен от отговорност, тъй като родът не погива[60].

В други случаи обаче, правото се отклонява от посоченото начало, че няма отговорност без вина и предвижда редица случаи на обективна, безвиновна отговорност[61]. Тогава позоваването от страна на

че той не е проявил никаква небрежност". Просто последната е без значение за пораждане на отговорността, тъй като случайното събитие е причина за неизпълнението, независимо от поведението на длъжника, а вината е ирелевантна, когато не е довела до противоправен резултат – така Конов, Т. Основание на гражданската отговорност. – Във: Подбрани съчинения. С.: Сиела, 2010, 203-204. Наистина случайното събитие е външно на длъжника дотолкова, доколкото не може да бъде причинено от неговото поведение. Но ми се струва изкуствено пълното откъсване на случайното събитие от поведението на длъжника. При изследването дали то е налице, е необходимо да се взема предвид полагането на дължимата грижа от страна на длъжника през призмата на добрия търговец, респ. добър стопанин. Тази преценка е обективна по същността си, но и небрежността като несъобразяване с дължимата грижа също има обективен характер. При обективните отговорности и релевирането на непреодолима сила в тези случаи нещата стоят иначе.

[60] Така Решение № 214 от 23.03.2004 г. по гр. д. № 2606/2002 г., ТК, II г. о. на ВКС. Разбира се, това не се отнася за случаите, когато родът е уговорен от страните достатъчно тясно, че да погинат всички вещи от рода. В този смисъл е Решение от 30.04.2003 г. по ВАД № 141/2002 г., в което се приема, че няма пречка да се приложат правилата на чл. 306 ТЗ и чл. 81, ал. 1 ЗЗД, щом длъжникът е поел задължението да продаде на кредитора разсад за бял риган, който е негова собствена продукция, а последният е погинал. Затова не може да бъде споделена пълната категоричност, изразена в решение по ВАД № 39/99 от 26.10.1999 г., че „родът не изчезва никога".

[61] Затова не може да бъде споделено изразеното от Голева, П. Непреодолимата сила и нейното прилагане в съдебната и арбитражната практика. – Пазар и право, 2004, № 4, с. 19, че вината е задължителна предпоставка на отговорността по ЗЗД. С липсата на вина свързва непреодолимата сила и случайното събитие също

длъжника на случайно събитие не е достатъчно, за да бъде освободен от гражданска отговорност[62]. Идеята на законодателя при тази по-строга (стриктна) отговорност е да възложи риска от настъпването на противоправния резултат върху длъжника. Последният може да се освободи само ако докаже, че изпълнението е станало невъзможно поради един квалифициран случай на случайно събитие – непреодолимата сила[63] – вж. т. 2 от Постановление № 17 от 18.11.1963 г. на Пленума на Върховния съд. Разбира се, конкретно при специалните деликтни състави освобождаването от отговорност може да стане и при доказване на изключителната вина на пострадалия или на трето лице – вж. т. 10 от Постановление № 7 от 30.12.1959 г. на Пленума на Върховния съд. В законодателството има редица случаи на обективна отговорност[64].

Меворах, Н. Vis major. – Търговско право, 2002, № 5, с. 79.

[62] Обратно решение от 14.03.2000 г. по гр. д. № 1472/1999 г. на Сливенски окръжен съд относно отговорността по чл. 50 ЗЗД.

[63] За непреодолимата сила като квалифициран случай на случайното събитие вж. Конов, Т. Цит. съч., с. 203. Авторът посочва, че „термините случайно събитие, непреодолима сила и разпореждане на държавен орган са синоними". Струва ми се, че еднаквият резултат, а именно освобождаване от отговорност, не означава пълен идентитет. Вярно е, че двете явления са близки едно до друго. Но непреодолимата сила е по-голямото по степен и по-рестриктивното като освобождаващо от отговорност обстоятелство. Тя е приложима при обективните отговорности, в които се включват и рисковите елементи на дейността, от една страна, както и при търговската дейност, която също е рискова по характер, от друга. Както удачно се споменава в решение от 26.05.2008 г. по гр. д. № 769/2007 г. на Великотърновски окръжен съд „[с]лучайното събитие не е от категорията "непреодолима сила" по смисъла както на закона, така и на задължителната практика на ВС на РБ" (относно освобождаването от отговорност при безвиновните деликтни състави, за което се изисква наличие на изключителна вина на пострадалия, респ. на трето лице или на непреодолима сила).

Вторият случай, в който може да се стигне до освобождаване от отговорност само при по-рестриктивната хипотеза на непреодолима сила, е когато се касае за търговска сделка и длъжникът, чието изпълнение е станало невъзможно, е търговец. Това произтича от факта, че дължимата грижа, която законодателят изисква от търговците е по-висока – грижата на добрия търговец. С други думи, законодателят е въвел по-ограничителен режим за освобождаване от отговорност в търговското право, в сравнение с гражданското право. Допълнителен аргумент в тази насока е, че не само Търговският закон, но и редица други специални търговскоправни нормативни актове използват понятието непреодолима сила, а не случайно събитие, като основание за освобождаване от отговорност[65].

---

[64] Пример за такава стриктна отговорност е разпоредбата на чл. 373, ал. 1 ТЗ, съгласно която превозвачът отговаря за изгубването, погиването или повреждането на товара, освен ако вредата се дължи на *непреодолима сила*, на качествата на товара или на явно неподходяща опаковка, ако товародателят е дал съгласие по реда на чл. 370, ал. 3 (подч. мое – Я. Н.). Тази норма съответства на чл. 389 от стария Търговски закон, която от своя страна е заимствана от чл. 395 на отменения германски търговски закон от 1861 г. Затова е напълно невярно заключението на Георгиев, А. Практически аспекти на приложението на чл. 306 ТЗ в търговските отношения. – Търговско и конкурентно право, 2009, № 9, с. 24, че в търговското ни право след освобождението няма специални правила, регламентиращи непреодолимата сила в търговските отношения. Върху тази грешна постановка авторът прави предложение de lege ferenda за отмяна на разпоредбата на чл. 306 ТЗ. Наистина в търговското право не е имало разпоредба, обща като тази на чл. 306 ТЗ, но от специалните правила, като тези касаещи договора за превоз и влог в публичен склад, се извежда едно понятие, което е по-близко до същността на непреодолимата сила, в сравнение с разрешенията на стария ЗЗД.

[65] Визирането на случайно събитие в разпоредбите на чл. 312, ал. 1 и чл. 174, ал. 1 от Кодекса на търговското корабоплаване е по-

Може да се обобщи, че невъзможността за изпълнение поради случайно събитие не е достатъчна за освобождаване от отговорност, от една страна, когато се касае за т.нар. обективна отговорност в гражданското право, а от друга, когато длъжникът е търговец, независимо дали отговорността му е обективна или не. В тези хипотези е необходимо длъжникът да докаже настъпването на квалифицирания случай на случайно събитие – непреодолимата сила, за да се освободи.

Още тук е добре да се настои на необходимостта да се прави разлика между случайно събитие и непреодолима сила, защото в съдебната практика е налице смесване на двата института. Такова смесване е демонстрирано в решение № 166 от 10.03.2010 г. по гр. д. № 4284/2008 г., г. к., IV Г. О. на ВКС, съгласно което „[с]лучайното събитие е такова събитие, което не е могло да се предвиди или е осъществено в резултат на непреодолима сила". Няма как случайното събитие да бъде осъществено в резултат на непреодолима сила, когато последната представлява квалифициран случай именно на casus fortuitus. Очевидно едно такова разбиране е non sens.

Основната разпоредба, регламентираща непреодолимата сила, е чл. 306 от Търговския закон (ТЗ), където понятието е определено като непредвидено

скоро инцидентно. Освен това втората разпоредба изброява наред с непреодолимата сила и случайните събития, също и пожар, действия на органите на държавна власт, военни действия, стачки и др., като че ли последните не могат да бъдат непреодолима сила или случайно събитие. Вярно е, че съществува разбиране, според което само юридически събития могат да бъдат непреодолима сила, но не и действия на човека. Това произтича от използването на термина „събитие" в разпоредбата на чл. 306, ал. 2 ТЗ. Настоящата статия се опитва да превъзмогне това неоснователно стеснено разбиране.

или непредотвратимо събитие от извънреден характер, възникнало след сключването на договора[66]. Мястото и характерът на разпоредбата са дали повод за редица противоречиви, а понякога дори диаметрално противоположни, тълкувания и изводи относно същността и приложното поле на института. Изказвано е мнение, че чл. 306 ТЗ се прилага само в областта на търговските сделки[67], поради факта, че нормата, съдържаща се в чл. 306 ТЗ е специална по отношение на чл. 81 ЗЗД[68]. Това мнение не може да бъде безрезервно споделено. Вярно е, че чл. 306 ТЗ намира приложение,

---

[66] Непреодолимата сила е уредена и на други места в законодателството, като чл. 373, ал. 1 ТЗ, чл. 515 ТЗ, чл. 87 и § 1, т. 21 от Закона за пощенските услуги (ЗПУ), чл. 43, чл. 90, чл. 103, § 1, т. 14 от Закона за обществените поръчки (ЗОП), чл. 140, чл. 147, чл. 174, чл. 312, чл. 346а от Кодекса за търговското корабоплаване (КТК), чл. 88, чл. 102 от Закона за гражданското въздухоплаване (ЗГВ) и др. Следва да бъде споделено и за националното право принципното разбиране на СЕО, Решение от 11 юли 1968 година, Firma Schwarzwaldmilch GmbH срещу Einfuhr- und Vorratsstelle für Fette, дело 4/68, че „[т]ъй като понятието "непреодолима сила" не е идентично в различните клонове на правото и различните области на прилагането му, значението на това понятие трябва да бъде определено въз основа на правната рамка, в която то трябва да бъде приложено.“
[67] Така Голева, П. Цит. съч., с. 20. В този смисъл и Георгиев, А. Цит. съч., с. 24.
[68] За специалния характер на нормата вж. Герджиков, О. Търговски сделки. С.: Труд и право, 2008, с. 51. В полза на специалния характер на чл. 306 ТЗ, спрямо чл. 81 ЗЗД са и: решение по ВАД № 38/99, постановено на 14.07.1999 г.; Определение № 204 от 24.03.2011 г. на ВКС по т. д. № 803/2010 г., I т. о., ТК („...специалното правило на чл. 306 ТЗ, което дерогира общото правило на чл. 81 ЗЗД.“; Решение от 25.05.2000 г. по ВАД № 136/99 г.; Решение от 7.08.2008 г. по ВАД № 6/2008 г.; Решение № 2075 от 15.12.2009 г. на ОС - Пловдив по в. гр. д. № 2806/2009 г., ГК, 8-ми гр. с-в; Решение № 196 от 11.07.2008 г. на ВтАС по в. гр. т. д. № 167/2008 г., ГК; Решение № 86 от 30.06.2008 г. на БАС по т. д. № 118/2008 г., ТО.

когато сделката е търговска, но не единствено. Някои по-нови правила на търговското право, се прилагат и за гражданското право – такива са стопанската непоносимост, непреодолимата сила и други[69]. Става дума за общи разпоредби, които не съдържат специфики само по отношение на търговците. Това се обуславя от двупосочната генетична и функционална връзка, която съществува между гражданското и търговското право. Правилно е изказаното от П. Голева твърдение, че правилото, заложено в чл. 307 ТЗ, е по-рестриктивно, в сравнение с това на чл. 81 ЗЗД. Но демаркационната линия непреодолима сила – случайно събитие не винаги е на плоскостта търговско – гражданско право. Доказателство за това е, че в редица случаи на обективна отговорност в гражданското право длъжниците, за да могат да се освободят от отговорност, ще трябва да релевират не наличието на случайно събитие, а на непреодолима сила – така, както е уредена в чл. 306 ТЗ. Такива са случаите на чл. 47, ал. 2, чл. 48, чл. 50 ЗЗД. Макар и хипотези на деликтна отговорност, те ясно показват, че институтът на непреодолимата сила, така както е уреден в чл. 306 ТЗ, намира приложение и по отношение на граждански правоотношения. Разбира се, това не означава, че длъжникът по гражданско правоотношение не може да се освободи извън случаите на обективна отговорност, позовавайки се на непреодолима сила. Напротив, щом случайното събитие е достатъчно за екскулпирането му, на още по-голямо основание непреодолимата сила ще породи същия резултат.

---

[69] Така Калайджиев, А. Търговско право – обща част. С.: Труд и право, 2010, с. 17.

От друга страна, поради по-високите изисквания към търговците като професионалисти, за екскулпирането им не е достатъчно релевирането на случайно събитие, а е нужно именно непреодолима сила да е направила изпълнението невъзможно. Вярно е, че на основание чл. 81, ал. 1 ЗЗД длъжникът не отговаря, ако невъзможността за изпълнение се дължи на причина, която не може да му се вмени във вина, когато отговорността не е безвиновна. Това е проявление на принципа, че без вина няма отговорност. В допълнение към по-високата грижа, която се изисква от търговците – грижата на добрия търговец, търговският закон в чл. 306 обаче поставя допълнителни изисквания за освобождаването на длъжниците – търговци от отговорност. Цитираната разпоредба на чл. 306 ТЗ също е проявление и доразвитие на уредбата на невъзможността, залегнала в ЗЗД в посока на по-засилена отговорност за търговците. Така, ако при забава на длъжника, чл. 85 ЗЗД дава възможност на последния да докаже, че кредиторът би претърпял вредите и при своевременно изпълнение, за да се освободи от отговорност, то чл. 306, ал. 1, изр. 2 ТЗ категорично изключва тази хипотеза[70]. Въпреки всичко, поради факта, че непреодолимата сила и случайното събитие лежат на една плоскост, разпоредбата на чл. 306 ТЗ включва в себе си и случайното събитие, като добавя допълнителни елементи и изисквания.

---

[70] Това разрешение произтича от принципа, че никой не може да черпи права от собственото си неправомерно поведение.

2. Определение.

Непреодолимата сила е възникнало след сключването на договора извънредно обстоятелство, правещо изпълнението невъзможно и освобождаващо търговеца или обективно отговорния длъжник, когато той докаже, че не е могъл да избегне, респ. преодолее обстоятелството или неговите последици (непредотвратимост), от една страна, а когато задължението е породено от договор или от едностранно волеизявление – че не е могъл да вземе възпрепятстването предвид, когато задължението е поето (непредвидимост). Ако това обстоятелство е само временно, длъжникът се освобождава от отговорност само докато то и неговите последици са налице, а ако някоя от страните изгуби интерес от договора, тя има субективното потестативно право да го прекрати.

3. Vis major в римското право.

Непреодолимата сила несъмнено има своите корени в римското право[71]. Тя е била тясно свързана с по-строгата отговорност за custodia[72] (отговорност за пазене), която имали корабоначалниците, ханджиите и

---

[71] Така Ангелов, С. Понятието vis major. – Търговско право, 1999, № 5, с. 61.

[72] За споровете относно същността на custodia, вж. Zimmermann, R. The Law of Obligations: Roman Foundations of the Civilian Tradition. New York: Oxford University Press, 1996, p. 194, както и Berger, A. Encyclopedic Dictionary of Roman Law. Philadelphia: The American Philosophical Society, 1991, p. 423. Съществуват две основни разбирания за същността на custodia. Според едното, поддържано тук, тя представлява стриктна отговорност за пазене на вещи, която няма отношение към вината, а смекчаването ѝ е резултат от по-късни интерполации. Според другото, тя представлява просто maxima diligentia in custodiendo. В смисъл, че custodia е синоним на diligentia exactissima, вж. Дюнан, Ж., П. Пишона. Римско право – речник на основните термини. С.: Сиела, 2007, с. 71.

стопаните на конюшни, по отношение на дадените им за пазене вещи[73]. Те носели отговорност за casus minor (по-малки инциденти), макар и да са casus fortuitus (случайно събитие) и са могли да се освободят само когато противоправният резултат е бил причинен от събитие, което е извън човешките възможности да бъде преодоляно – vis major (непреодолима сила)[74]. Така е, защото никой не може да бъде задължен за невъзможното – impossibilium nulla obligatio est. Това извънредно събитие не е било определено по общ и абстрактен начин в римското право – дават се за примери събития като корабокрушения, земетресения, пиратски нападения и др., а преторът е давал предписания по своя преценка на съдията (judex) дали да бъде освободен от отговорност ответникът[75]. Касае се за обективна отговорност, която е независима и необусловена от вината, което съответства на застъпваното тук разбиране, че в случаите на подобна отговорност в действащото гражданско право е необходимо длъжникът да доказва непреодолима сила, за да се освободи от отговорност. В този смисъл не може да бъде споделено разбирането, изразено от някои автори, в насока, че полагането на дължимата грижа при пазенето и наблюдението на вещите е разделителната линия между носенето и освобождаването от отговорност на тези категории лица. Става дума за възлагане на риска от погиването на вещите върху реципиентите, на основата на обективни критерии, а не на база на полагането на дължимата грижа[76].

---

[73] Вж. Андреев, М. Римско частно право. С.: Софи-Р, 1992, с. 382.
[74] Вж. Zimmermann, R. Op. cit., p. 194.
[75] В този смисъл вж. Ангелов, С. Цит. съч., с. 61.
[76] Вж. Вж. Zimmermann, R. Op. cit., p. 195.

Изказано е становище, че произходът на отговорността за custodia е във връзка с възможността ханджиите, корабоначалниците и др. да действат в съучастие с трети лица и да делят с тях получената плячка, което би било трудно доказуемо[77]. Това мнение не може да бъде безрезервно споделено. Няма категорични данни, че тъкмо това е мотивирало законодателя да въведе тази стриктна отговорност. Напротив, има различни тълкувания в тази насока. Както отбелязва С. Ангелов, възможно е да е била закрепена законодателно една обичайна практика да се сключват договори, възлагащи по-тежка отговорност на реципиентите или последните сами да са обещавали такава[78]. Обемът на настоящата работа не дава възможност да се навлиза по-дълбоко в тези дискусии. Независимо от мотивацията за това разрешение, то е оставило своя отпечатък за разбирането ни за непреодолимата сила и до днес. Във всеки случай, това, което характеризира най-точно непреодолимата сила, е фактът, че настъпването на събитие от такъв характер освобождава от всякакви подозрения за вина, тъй като то е „една голяма известна случка, която нито може да бъде измислена, нито прикрита[79]“.

4. Непреодолимата сила в сравнителноправен аспект.

4.1. Невъзможността за изпълнение в Soft law.

Предмет на сравнителноправен анализ в настоящата работа са две частноправни кодификации, а именно Принципите на европейското договорно право

---

[77] В този смисъл Конов, Т. Цит. съч., 218-219, както и Андреев, М. Цит. съч., с. 382.
[78] Вж. Ангелов, С. Цит. съч., с. 61.
[79] Пак там, с. 75.

(PECL) и Законът-модел за европейското частно право (Model Rules of European Private Law) - Draft Common Frame of Reference (DCFR). По-конкретно, разпоредбите, даващи уредба на невъзможността за изпълнение поради force majeure, са чл. 8:108 PECL и чл. III. – 3:104 DCFR. Общата правна рамка (DCFR) е по-нова по време и представлява доразвитие на Принципите. Други специфики на DCFR, в сравнение с PECL, са закономерна последица на факта, че приложното поле на първия акт е по-широко от това на втория. Даваща подобни разрешения е и разпоредбата на чл. 79 от Конвенцията на ООН за договорите за международна продажба на стоки (CISG). Всъщност чл. 8:108 PECL[80] и чл. III. – 3:104 DCFR, макар и формулирани различно от чл. 306 ТЗ, са твърде сходни по съдържание както помежду си, така и в сравнение с българския текст. За онагледяване на тази близост служи следната таблица:

Чл. 8:108 PECL	Чл. 306 ТЗ	III. – 3:104 DCFR
Страната не отговаря за неизпълнението, *ако докаже*, че то се дължи на възпрепятстване…	Длъжникът *по търговска сделка* не отговаря за неизпълнението, причинено от непреодолима сила. *Ако длъжникът е бил в забава, той не може да се позовава на непреодолима сила.*	Длъжникът не отговаря за неизпълнение на задължение, ако то се дължи на възпрепятстване…

---

[80] Преводът на PECL, с известни корекции, е на Кристиан Таков – вж. Таков, К. Закон за задълженията и договорите. С.: Сиби, 2010, 289-290. Преводът на DCFR е мой.

... възпрепятстване извън нейния контрол и че от нея не е могло разумно да се очаква да вземе възпрепятстването предвид в момента на сключването на договора (*непредвидимост* – подч. мое – Я.Н.), нито да избегне или преодолее възпрепятстването *или последиците му* (*непредотвратимост* – подч. мое – Я.Н.).	Непреодолима сила е непредвидено или непредотвратимо събитие от извънреден характер, възникнало след сключването на договора.	...възпрепятстване извън неговия контрол и ако от длъжника не би могло разумно да се очаква да избегне или преодолее възпрепятстването или последиците му (*непредотвратимост* – подч. мое – Я.Н.)... *Ако задължението е породено от договор или от друг правен акт,* неизпълнението не е освобождаващо ако от длъжника би могло разумно да се очаква да е взел възпрепятстването предвид, когато задължението е поето (*непредвидимост* – подч. мое – Я.Н.).
Ако възпрепятстването е само временно, освобождаването от отговорност по този член действа за срока, през който възпрепятстването е налице. Ако обаче забавянето се разрасне до съществено неизпълнение[81], *кредиторът* може да	Докато трае непреодолимата сила, изпълнението на задълженията *и на свързаните с тях насрещни задължения* се спира. Ако непреодолимата сила трае толкова, че кредиторът вече	Ако извинителното възпрепятстване е само временно, освобождаването от отговорност действа за срока, през който възпрепятстването е налице. Ако обаче забавянето се разрасне до съществено неизпълнение, *кредиторът* може да го разглежда като

---

[81] За дефиниция на съществено неизпълнение вж. чл. 8:103 PECL.

го разглежда като такова.	няма интерес от изпълнението, той има право да прекрати договора. *Това право има и длъжникът.*	такова. *Когато освобождаващото от отговорност възпрепятстване е постоянно, задължението се прекратява. Всяко реципрочно задължение също се прекратява. В случаите на договорни задължения всички реституционни действия на прекратяването се уреждат от разпоредбите на Глава 3, Раздел 5, Подраздел 4 (Реституция) със съответно прилагане.*
Неизпълняващата страна трябва да стори нужното, уведомлението за възпрепятстването и за влиянието му върху възможността ѝ да изпълни да се получи от другата страна в разумен срок, *след като неизпълняващата страна е узнала или е трябвало да узнае тези обстоятелства.* Другата страна може да търси обезщетение	Длъжникът, който не може да изпълни задължението си поради непреодолима сила, в подходящ срок уведомява *писмено* другата страна в какво се състои непреодолимата сила и възможните последици от нея за изпълнението на договора. При	Длъжникът има задължението да стори нужното, уведомлението за възпрепятстването и за влиянието му върху възможността за изпълнение да достигне кредитора в разумен срок, *след като длъжникът е узнал или би могло разумно да се очаква да узнае тези обстоятелства.* Кредиторът може да търси обезщетение за

за всяка вреда, произтичаща от неполучаването на такова уведомление.	неуведомяване се дължи обезщетение за настъпилите от това вреди.	всяка вреда, произтичаща от неполучаването на такова уведомление.

На първо място, тези частни кодификации също закрепват непредвидимостта и непредотвратимостта като елементи от непреодолимата сила, но не ги назовават по този начин, а ги определят описателно. Така, ако се съчетаят PECL и DCFR, непредвидимостта може да се приеме, че е налице, когато от длъжника не може разумно[82] да се очаква да е взел възпрепястващата изпълнението сила предвид към момента на сключването на договора[83]. Прави веднага впечатление, че тези актове изискват не длъжникът да не е предвидил настъпването на събитието, но да не е могъл, респ. да не е било част от задълженията му да го стори. Това е един обективен подход, който следва да бъде възприет и при българската уредба. Ето защо не е точно употребеното в чл. 306, ал. 2 ТЗ понятие „непредвидено", което изразява фактическата липса на предвиждане от страна на длъжника, съответно на което и да е друго лице. По-точен е терминът непредвидимо, тъй като липсата на разумна възможност и задължение за предвиждане на събитието е това, което характеризира непреодолимата сила. Заслужава подкрепа въвеждането от страна на чл.

---

[82] За да се прецени кое е разумно текстът трябва да се тълкува във връзка с чл. 1:302 PECL. При преценката кое е разумно следва да се вземе предвид това, което добросъвестни лица, намиращи се в положение, подобно на това на страните, биха сметнали за такова. Следва да се имат предвид също естеството и целта на договора, обстоятелствата в конкретния случай, а също обичаите и практиките в търговията и занятията.

[83] Относно разумната предвидимост вж. чл. 1:305 PECL.

III. – 3:104 DCFR на изискването непредвидимостта да се преценява, когато задължението е породено от договор или от друг правен акт. Тъкмо тогава тя е релевантна, защото волята на длъжника е участвала при поемането на задължението и той е имал реална възможност да оцени ситуацията. Под друг правен акт следва да се разбира всяко изявление или съгласие, явно или конклудентно, което е предназначено да има правен ефект, независимо дали е едностранно, двустранно или многостранно – чл. II. – 1:101 (2) DCFR. Очевидно това е по-широката категория, която включва и договорите, но и други източници на облигационни отношения, като едностранните волеизявления например[84]. Правни актове са и оферти, уведомления за прекратяване на договори и др. Чл. 1:107 PECL, от своя страна, предвижда съответно прилагане на правилата на Принципите към други правни актове.

Непредотвратимостта, от своя страна, е налице, когато от длъжника не е могло разумно да се очаква да избегне или преодолее възпрепятстващата сила или последиците ѝ. За да се осъществи тази преценка е необходимо да се използва осреднен критерий на добросъвестния, зрял и опитен човек. Това дава обективност на непредотвратимостта, защото гледната точка са не възможностите на длъжника, а не всеки един добросъвестен човек, намиращ се в положението на длъжника (вж. чл. 1:302 PECL). В това се изразява критерият „разумно“, използван от PECL. Тук отново определянето на непреодолимата сила е по-точно, в сравнение с чл. 306, ал. 2 ТЗ. Последната разпоредба

---

[84] За последните като източник на облигационните отношения вж. Кожухаров, А. Облигационно право – общо учение за облигационното отношение. Кн. I (ред. О. Герджиков). С.: Софи–Р, 1996, с. 32.

указва на факта, че именно събитието е непредотвратимо. Това не е достатъчно, за да е изпълнен фактическият състав на непреодолимата сила. В тази си част тълкуването на разпоредбата следва да е разширително. И двата акта (DCFR и PECL) изискват силата да е извън контрола на длъжника. Това е едно развитие на изискването за непредотвратимост, което въвежда до известна степен субективен елемент, а именно – реалните възможности и способности на длъжника. Така максимално общо формулираните норми се пречупват през конкретното, оформяйки еклектичната амалгама на съвременното разбиране за непреодолима сила – съчетание на субективни и обективни елементи.

Друго предимство на разглежданите разпоредби е избягването на термина „събитие" (който използва нашият ТЗ) и използването на понятие, което може да обхваща както човешки действия, така и юридически събития. В тази насока следва да се тълкува и нашият закон и е най-добре de lege ferenda да се изостави употребата на това понятие.

Интерес представлява и разпоредбата на чл. III. – 3:104 DCFR (4), по отношение на която се поставя въпросът дали прекратяването има обратно действие или не, и ако има обратно действие – докъде се простира то[85]. Всъщност преценката на въпроса следва да е фактическа. Явно е, че не може да се развали с обратна сила договор със задължение за периодично изпълнение, който е бил изпълняван няколко години, а

---

[85] Bineva, V. Change of Circumstances. In: Antoniolli, L., F. Fiorentini (Eds.). A Factual Assessment of the Draft Common Frame of Reference. Munich: Sellier. European law publishers, 2011, p. 96 отбелязва, че не е ясно дало прекратяването има обратно действие или е занапред.

след това настъпва обективна невъзможност за изпълнение. Решаващият фактор най-често е двустранната връзка между насрещните задължения по един договор. Ако за едно от тези задължения настъпи невъзможност поради непреодолима сила, се спира изпълнението на насрещната престация, а ако последната е вече изпълнена, тя се връща по правилата за връщане на даденото. Това следва да бъде взето предвид и в нашата уредба, за да се разсеят всякакви съмнения относно това дали се касае за прекратяване занапред или за разваляне с обратна сила до определен момент.

5. Същност на непреодолимата сила.
5.1. Характеристика на обстоятелството – непреодолима сила.

Разпоредбата на чл. 306, ал. 2 ТЗ използва понятието „събитие", за да опише непреодолимата сила. Това дава основание на някои автори[86] и на част от съдебната практика[87] да приемат, че се има предвид

---

[86] Вж. Георгиев, А. Цит. съч., с. 26.
[87] Вж. Определение № 691 от 27.10.2011 г. на ВКС по т. д. № 5/2011 г., II т. о., ТК; Решение № Т-154 от 26.03.2010 г. на САС по т. д. № 1719/2009 г., ТО, 5-ти с-в; Решение № 1304 от 17.11.2006 г. на ОС - Варна по адм. д. № 142/2005 г., АО, IV-ти с-в; Решение № 161 от 21.07.2009 г. на ВтАС по в. гр. т. д. № 314/2009 г., ГК; Решение № 380 от 20.02.2007 г. на ВтАС по в. гр. т. д. № 142/2006 г., ГК; Решение № 428 от 15.12.2009 г. на АдмС - Велико Търново по адм. д. № 371/2009 г., 3-ти с-в. Така в Решение № 736 от 05.10.2009 г. по гр. д. № 1447/2008 г., г. к., I г. о. на ВКС се приема, че наводнението от неспрян водопроводен кран в жилище, което не се обитава постоянно не е непреодолима сила, тъй като представлява бездействие на човека, а „[н]епреодолима сила е земетресение, наводнение и прочие бедствия предизвикани от сили извън волята на човека." Струва ми се, че крайният извод на съда е правилен, но не поради изложените аргументи. Наводнението не представлява vis major не защото е (без)действие на човека, а

юридическо събитие. Такива са земетресения, градушки, наводнения, силни валежи, бури и други, които са извън волята на човека. Това мнение не е безспорно. В литературата[88] и съдебната практика[89] се застъпва и обратното. Следва да бъде споделено разбирането, че и действия на човека могат да бъдат непреодолима сила. Вярно е, че юридическите събития са юридически факти, настъпващи независимо от волята на човека, които най-често са природни сили[90]. При относителните юридически събития естествените процеси са породени от действие на човека[91]. Но защо един грабеж да не може да бъде непреодолима сила? Защо да не е възможно стачка, протест или война да

защото 1) е било преодолимо (като се спре кранът), 2) предвидимо (особено през зимния период) и 3) не е имало извънреден характер (не е сила, неподвластна на въздействието на обществото и на конкретния човек).

[88] В полза на разбирането, че непреодолимата сила може да е и природна, и човешка вж. Меворах, Н. Цит. съч., с. 80. Както отбелязва Ганев, В. Записки по търговско право. Том втори – Специални търговски сделки (договори) и менителница. С.: Печатница С. М. Стайков, 1914, с. 57 „[п]онятието «събитие» не винаги има значение на природна сила. Като «събитие» трябва да се тълкуват и ония действия на хората, които не могат релативно да се предотвратяват – напр. кражбата…".

[89] И човешки действия могат да са непреодолима сила според Решение № 20 от 17.03.2009 г. на БАС по т. д. № 286/2008 г., ТО. Цитираната от Калайджиев, А. Облигационно право – обща част. С.: Сиби, 2007, 316-317 съдебна практика приема, че непреодолима сила могат да бъдат актове на държавни и общински органи (решение на общински съвет), нормативни актове (закон и постановление на Министерския съвет, нормативен акт за налагане на ембарго и мораториум, нормативен акт за установяване на митическа забрана за внос или износ), щом като са непредотвратими.

[90] Вж. Павлова, М. Гражданско право – обща част. С.: Софи-Р, 2002, с. 419.

[91] Вж. Ташев, Р. Обща теория на правото. С.: Сиби, 2005, с. 171.

направят изпълнението невъзможно, щом като и те са големи известни събития, които не могат да бъдат измислени, предотвратени, а и предвидени към момента на поемане на задължението[92]? Изпълнението може да бъде препятствано и от актове на държавна власт, като забрана за износ на стока например. Една вещ може да бъде извадена от граждански оборот (res extra commercium) или да е въведена временна забрана за търговия с нея. На мен ми се струва, че волята на законодателя е била друга. Използваното понятие „събитие" не винаги назовава юридическото събитие като юридически факт на гражданското право. Съществуват редица други случаи в нормативни актове, където събитието се обозначава като човешко действие или се употребява в широк смисъл – като юридически факт изобщо. Така чл. 82 и чл. 90б от Закона за авторското право и сродните му права го използва, за да означи човешки действия (публикуване и разгласяване на запис на изпълнение). От друга страна, чл. 25 ЗЗД определя условието като бъдещо несигурно събитие. Няма съмнение, че в случая се има предвид както съзнателно човешко действие, така и юридическо събитие[93]. С оглед на изложеното, може да се заключи, че няма сериозни правно-логически и догматични аргументи да се стига до едно толкова рестриктивно тълкуване на разпоредбата. Последната следва да се тълкува разширително. В този смисъл, както беше

---

[92] Интересен е изразът, обозначаващ в английското право обстоятелства от извънреден характер – acts of god or the queen's enemies (божествена и неприятелска сила). Той обхваща в себе си както природните сили, така и действията на човека.

[93] Така Павлова, М. Цит. съч., с. 498, която отбелязва, че терминът „събитие" е използван като синоним на юридически факт, включващ събитие в тесен смисъл и съзнателно човешко действие.

посочено по-горе, терминът „възпрепятстване", употребен в PECL и DCFR е по-точен, защото обхваща юридически факти от всякакво естество. Въпреки всичко, за да се избегне противоречива и неправилна съдебна практика, а и с оглед на юридическата яснота на института, следва de lege ferenda терминът събитие да бъде заменен с по-недвусмислен и с по-широко съдържание, като „обстоятелство" например.

На следващо място, събитието, което съставлява непреодолима сила, не трябва да е причинено от длъжника, независимо дали се касае за относително юридическо събитие или за юридическо действие. Това следва логически от текста на закона, тъй като в този случай събитието няма как нито да е непредвидимо, нито непредотвратимо, след като длъжникът е този, който го е предизвикал. Ако става дума за договорно отношение, щом като събитието е било извън волята на договарящите страни при сключването на договора, т.е. е непредвидимо, то няма как да се приеме, че събитието може да се причини от самите договарящи. С други думи, няма как едно лице да твърди непредвидимост на събитието и едновременно с това то да го е причинило. А ако събитието е резултат на проявена от длъжника небрежност (например пожар, предизвикан от недоглеждане), явно е, че тъкмо небрежното поведение е предизвикало противоправния резултат. В тези случаи релевирането на непреодолима сила от длъжника ще противоречи на общия за гражданското и търговското право принцип на добросъвестността[94].

---

[94] Вж. Калайджиев, А. Търговско..., с. 20. Мястото на добросъвестността като принцип на гражданското право не е общоприето в литературата. Поради общия ѝ характер обаче считам, че тя се отнася към принципите, общи за гражданското право – вж. чл. 12 ЗЗД.

В литературата се сочи, че събитието трябва да е външно спрямо предприятието и личността на длъжника, за да бъде част от фактическия състав на непреодолимата сила[95], така че например ако техника и машини на длъжника са причинили пожар заради късо съединение, то няма да е налице force majeure. Това се обяснява с влиянието на френското законодателство и доктрина[96]. Така, чл. 1147 от Code civil изисква неизпълнението да произтича от една външна причина (cause étrangère), за която длъжникът не отговаря[97]. От своя страна, в CEO, Решение от 18 март 1980 година, SpA. Ferriera Valsabbia и други срещу Комисията на Европейските общности, обединени дела 154, 205, 206, 226 до 228, 263 и 264/78, 39, 31, 83 и 85/79 се отбелязва, че „установяването на обстоятелства на непреодолима сила предполага, че *външна причина*, на която се позовават лицата, е довела до последици, които са до такава степен непреодолими и неизбежни, че изпълнението на задълженията на лицата да стане обективно невъзможно" (курс. мой – Я.Н.). В определение № 1317 от 29.10.2009 г. по гр. д. № 1223/2009 г., г. к., III г. о. на ВКС също се застъпва разбирането, че непредвиденото и непредотвратимо събитие с извънреден характер следва да е „външно за вещта". В съвременната литература разбирането за външен характер на събитието се критикува и обявява за несъстоятелно[98]. Считам, че за да се вземе отношение по този въпрос, следва първо да се изясни значението

---

[95] Така Ангелов, С. Цит. съч., с. 79.
[96] Вж. Апостолов, И. Облигационно право – общо учение за облигацията. С.: 1947, с. 234.
[97] В подобен смисъл е бил и чл. 1225 от стария италиански граждански законник.
[98] Така Калайджиев, А. Облигационно..., с. 315.

на понятието „външно“. Не може да бъде подкрепена тази позиция, която схваща това понятие като чисто локално разположение на причината за невъзможността извън предприятието на длъжника[99]. Този проблем се поставя понастоящем в световен мащаб с оглед на евентуално настъпване на компютърен срив в предприятието на длъжника. Вярно е, че когато непреодолимата сила изхожда от предприятието на длъжника, трудността от доказването, че не той именно е причинил невъзможността за изпълнение, е по-голяма. Едно е например земетресение да е разрушило склада с вещи на длъжника, друго е причината да бъде пожар, изхождащ отвътре. Но доказателствените трудности не променят целта на института. Породена първоначално в римското право като голямата известна случка, която разсейва всякакви съмнения за вина, обществените отношения са се развили и днес е несъмнено много по-трудно длъжникът да измисли съществуването на непреодолима сила. Дори и събитието да е причинено от машини или персонал на длъжника, това не означава, че не може да бъде доказан произходът на невъзможността. Така, с помощта на съвременна техника, знания и умения може до голяма степен да бъде установено, че например едно късо съединение е причинило пожар, а не умишленото или небрежно поведение на длъжника. Именно страната, релевираща непреодолима сила, е тази, която трябва да докаже, че невъзможността не е причинена от нея. Трудността от последното не означава, че трябва да бъде лишена от тази възможност[100]. С оглед на изложеното,

---

[99] Вж. цитирания от Ангелов, С. Цит. съч., с. 75 автор. Според това разбиране избухването на една бомба на кораб никога не може да се разглежда като vis major, поради факта, че причината за невъзможността се е намирала на длъжниковия кораб.

категорично не може да бъде споделено преобладаващото в съдебната практика разбиране, че не могат да бъдат разглеждани като непреодолима сила промените в здравословното или физиологичното състояние на човека[101].

Но външността на събитието може да бъде разглеждана и иначе. Както удачно е казано в чл. 8:108 PECL и чл. III. – 3:104 DCFR, длъжникът не отговаря ако възпрепятстването е „извън неговия контрол"[102].

---

[100] В този смисъл вж. McKendrick, E. Contract Law – Text, Cases, and Materials. New York: Oxford University Press, 2008, p. 730, който отбелязва, че страната, която е виновна, няма да бъде в състояние да релевира невъзможност, заради трудността, която тя неизбежно ще срещне в доказването на непреодолима сила, извън нейния контрол.

[101] В подкрепа на застъпваното от мен становище вж. решение № 8963 от 9.10.2003 г. на ВАС по адм. д. № 3141/2003 г., I о.

[102] В СЕС, Решение от 8 юли 2010 година, Европейска комисия срещу Италианска република, дело C-334/08 непреодолимата сила се определя като „извънредни и непредвидими обстоятелства, които са извън контрола на позоваващото се на нея лице и чиито последици не са могли да бъдат избегнати въпреки положената дължима грижа." Почти същата дефиниция се дава и в СЕО, Решение от 22 януари 1986 година, Denkavit France SARL срещу Fonds d'orientation et de régularisation des marchés agricoles (FORMA), дело 266/84. А в СЕО, Решение от 8 март 1988 година, Anthony Mcnicholl Ltd и други срещу Министъра на земеделието, дело 296/86 се приема, че „макар това понятие да не предполага абсолютна невъзможност, независимо от това то изисква неизпълнение на въпросното действие да се дължи на обстоятелства извън контрола на лицето, позоваващо се на непреодолима сила, които обстоятелства са необичайни и непредвидими и чиито последици е било невъзможно да бъдат избегнати въпреки полагането на цялата дължима грижа". Същото определение се излага и в СЕО, Решение от 27 октомври 1987 година, Ioannis Theodorakis Viomichania Elaiou AE срещу Гръцката държава, дело 109/86. Прави впечатление еклектичният характер на тези определения, съчетаващ обективни („извънредни и непредвидими обстоятелства", „обстоятелства извън контрола на лицето", „необичайни и непредвидими") със субективни

Това разрешение следва да намери своето приложение и у нас. Макар и да не е изразено изрично, то е залегнало имплицитно в разпоредбата на чл. 306, ал. 2 ТЗ. Изискванията за непредвидимост, непредотвратимост и извънреден характер указват тъкмо на факта, че се касае за обстоятелство, което е извън сферата на влияние на длъжника, в рамките на която той носи отговорност за поетия от него риск[103]. Преценката за последното е фактическа и зависи от това дали отговорността е обективна или не, дали длъжникът е търговец или не и т.н. Най-голям риск е възложен на онзи длъжник, чиято отговорност е безвиновна. Той трябва да полага грижи, далеч по-големи от обичайните и във всеки случай не може да се освободи от отговорност заради настъпването на едно случайно събитие[104].

На тази характеристика следва да се настои, защото именно рисковият характер на дадена дейност води до по-висока отговорност, от която даден длъжник може да се освободи само ако докаже непреодолима сила[105]. В единия случай това е обективната отговорност, независимо дали уредбата ѝ е в гражданското или търговското право, а във втория това

(„дължимата грижа") елементи.

[103] В насока, че чл. 8:108 PECL изисква от длъжника да не носи риска от настъпването на събитието вж. Hesselink, M., G.J.P. de Vries. Principles of European Contract Law.: Kluwer, 2001, p. 167.

[104] Това дава основание на някои автори да определят предприятието на длъжника като „един вид осигурително заведение за тези, които са в съобщение с него" – вж. Ангелов, С. Цит. съч., с. 70 и цитираните от него автори.

[105] Че непреодолимата сила е случайно събитие, в което не са включени рисковите фактори на дадена дейност смята Калайджиев, А. Облигационно... , с. 316, както и Конов, Т. Цит. съч., с. 203.

е отговорността на търговеца, който също отговаря за определени рискове, за които длъжникът в гражданското право не носи отговорност. Може да се обобщи, че за да е налице непреодолима сила е необходимо, от една страна, тя да не е причинена от длъжника, а от друга – да е извън риска, който той носи. Последното поставя въпроса дали този риск може да бъде поет и по силата на самото договорно отношение.

На последния въпрос може да се отговори по следния начин. Разпоредбата на чл. 306 ТЗ е създадена в обществен интерес и следователно има императивен характер. В полза на това разбиране може да се наведат няколко реда съображения. На първо място, ако се приеме противното, означава, че длъжникът, носещ обективна отговорност (напр. превозвачът), който често е икономически по-силна страна, може да наложи на другата страна тя да поеме риска от настъпването на противоправния резултат, причинен от невъзможността – увреждането на чужди блага или непостигането на дължимия по договора резултат, стеснявайки своята отговорност. Едва ли има някакво съмнение, че длъжникът ще направи всичко възможно да се възползва от тази възможност. А така ще се обезсмисли съществуването на стриктните отговорности.

От друга страна, практиката налага включването на клаузи в договорите, предвиждащи обективна невъзможност за изпълнение при по-широк кръг от хипотези – при настъпването на юридически факти, които може и да не са непредвидими, непредотвратими и извънредни, но въпреки това правещи изпълнението невъзможно. Считам, че може да се мисли в насока тази възможност да бъде допусната само когато рискът се възлага не търговец, но не и на гражданскоправен субект. Търговците са по-опитни, това е тяхна професия и може да се очаква, че ще носят отговорността за рисковете, които са поели[106]. С направеното уточнение следва да се възприеме изразеното в определение № 988 от 31.07.2009 г. по гр. д. № 479/2009 г., г. к., IV г. о. на ВКС разбиране, че „страните по договора могат да прехвърлят риска… дори за последиците от действието на непреодолима сила (напр. при договорите за застраховка)“, но не може да се сподели пределната категоричност на съждението, намерило място в решение № 219 от 17.12.2004 г. по гр. д. № 518/2004 г. на Ямболски окръжен съд, че договарящите могат да преодолеят правилата, касаещи случайното събитие и непреодолимата сила, със самия договор – чл. 20а ЗЗД.

Обратното обаче, а именно да бъде стеснено или дори изключено приложението на чл. 306 ТЗ, както и да бъде възложен рискът на нетърговец (който често е икономически по-слабата страна), считам, че не е възможно, поради императивния характер на разпоредбата. А когато се касае за потребителски договор, ще е налице неравноправна клауза, доколкото е налице някое от изискванията на чл. 143 от Закона за защита на потребителите (ЗЗП). Изброяването в договора само на някои форсмажорни събития не може да изключи приложението на института и за други такива, щом като са налице елементите от фактическия състав на непреодолимата сила[107]. Иначе ролята на

---

[106] Но следва да се има предвид, че дори английското право, което разширява до крайна степен разбирането, че който е поел риска от нещо ще отговаря винаги, обособява отделни хипотези, при които длъжникът ще се освободи от отговорност, макар и да я е поел по силата на договор – вж. McKendrick, E. Op. cit., p. 726. Авторът посочва, че дори в договора да има включени клаузи за отговорност за „стачки“ и „войни“, те не включват в себе си събития като национална обща стачка или войни от ранга на Първата или Втората световна.

института да бъде коректив на pacta sunt servanda в извънредни, непредвидими и непредотвратими ситуации ще бъде леко обезсмислена.

С оглед на изложеното, не може да бъде споделена изразената в решение № 579 от 17.04.2003 г. по гр. д. № 1329/2002 г., V г. о. на ВКС теза, че за да се окачестви едно събитие като непреодолима сила, е необходимо „не само то да е настъпило, но и неговото настъпване да не може да се вмени във вина на длъжника". От една страна, при така наречените обективни отговорности вината е правно ирелевантна и наличието ѝ, респ. липсата ѝ не подлежат на изследване. От друга страна, когато се установи, че непреодолима сила е направила изпълнението невъзможно, се презюмира, че длъжникът не носи вина за неизпълнението, а не обратното – доказването на липса на вина не е предпоставка за релевирането на vis major.

Институтът така, както е уреден в чл. 306 ТЗ, включва в себе си едновременно обективното и субективното разбиране за непреодолима сила. Затова е уместно определянето на дефиницията в чл. 306, ал. 2 ТЗ като имаща еклектичен характер[108]. Непредотвратимостта е свързана със субективната невъзможност на длъжника да преодолее обстоятелството, респ. неговите последици, от една страна, а от друга – това е непредотвратимостта за всеки, за обществото като цяло. По същия начин непредвидимостта може да бъде разглеждана като свързана със събитието само по себе си – една мълния е

---

[107] Вж. в този смисъл Гайдаров, П. Граници на договорната и деликтната отговорност. С.: Сиела, 2011, 117-118.
[108] Така Калайджиев, А. Облигационно... , с. 315.

винаги непредвидима[109]. Но в същото време стои субективната възможност, респ. невъзможност на длъжника да предвиди едвентуалното настъпване на обстоятелството и неговите последици – когато се задава гръмотевична буря е нормално да се очаква, че мълния може да нанесе щети. Съчетаването на субективни и обективни елементи хармонира с разбирането на С. Ангелов, че субективната и обективната теория за непреодолима сила трябва да бъдат съединени, с оглед на правилното определяне на понятието vis major[110]. На кой от елементите ще се наблегне, зависи от конкретния случай. Така, когато се касае за обективна отговорност, определящо ще е характеризирането на извънредното обстоятелство, на неговата „голяма сила". Извън тези случаи ще се вземе предвид освен горното и грижата, която длъжникът е положил, респ. това, което разумно може да се очаква, че е предвидил и могъл да предотврати. Извън рамките на обективната отговорност, приложното поле на института е най-вече при търговците, при които се взема предвид грижата на добрия търговец във всеки един случай, в зависимост от конкретната обстановка и професия – добрия превозвач, банката или финансовата институция – наемодател на сейф[111] и др. С други думи, преценката за това дали е налице непреодолима сила следва да е конкретна, а не абсолютна, защото във

---

[109] Вж. Ангелов, С. Цит. съч., с. 77.

[110] Пак там, 79-80.

[111] В определени случаи законодателят може така да разпредели риска, че длъжникът да не може да се освободи от отговорност дори и при непреодолима сила. В този смисъл, отменената уредба на договора за банкова касетка е предвиждала, че банката отговаря и ако вложеното погине поради непреодолима сила. Понастоящем важат общите правила и наемодателят на сейф може да се освободи от отговорност в този случай.

всеки отделен случай са различни възможностите, задълженията и рисковете, които е поел длъжникът – няма абсолютен отговор на въпроса какво значи невъзможност[112]. В същото време действащото право е различно – една промяна на законодателството може да доведе до невъзможност на изпълнението и обратно[113].

5.2. Извънреден характер и непредотвратимост на последиците.

Двете понятия са тясно свързани, тъй като извънредният характер на възпрепятстващото обстоятелство указва на такова измерение на непреодолимата сила, че тя да не може да бъде преодоляна с наличните възможности на обществото, като се има предвид нивото на развитие на науката и техниката. Извънреден означава „който става извън определения ред и програма"[114]. С други думи,

---

[112] Или както образно се пита Меворах, Н. Цит. съч., с. 82 – „Но какво значи „невъзможност"? Обграденият от наводнението контрагент би могъл да си достави ладия (и да я построи даже!) и с нейна помощ да се отзове в местоизпълнението на договора... застаналата на пътя поради катастрофа стока би могла на ръце да бъде прехвърлена оттатък счупения мост; Жан Валжан се покатерва по отвесна стена, други изкъртват гранити, трети извиват железа, изплават широки пространства... какво значи „невъзможност"?". Авторът стига до заключението, че „понятието „невъзможност" се прелива в това на „необикновена мъчнотия"". Това невинаги е вярно, тъй като ако последната има стопански характер, ще се приложи институтът на стопанската непоносимост. От друга страна, този проблем намира отговор тъкмо като се приложи субективният елемент от конструкцията на непреодолимата сила – да се вземе предвид дължимата грижа и рисковете, които е поел конкретният длъжник и това, което нормално можем да очакваме от него.

[113] В този смисъл Апостолов, И. Цит. съч., 236-237. С оглед на това авторът отбелязва, че понятието юридическа невъзможност е относително.

извънредното събитие има не закономерен, нормален характер, а случаен такъв[115]. В този смисъл, ако на определено място периодично падат проливни дъждове, които причиняват наводнения, то това има закономерен характер и длъжникът може да предотврати събитието и неговите последици, ако ги е предвидил. Макар и валежите да са предвидими, длъжникът може да не е предвидил последиците им или факторите на обстановката да са се насложили така (длъжникът, знаейки, че ще вали, е прибрал индивидуално определени от страните подправки в склад, но покривът е протекъл и те са погинали), че длъжникът да се освободи от отговорност, като докаже случайно събитие. Но няма да е налице непреодолима сила, защото тези валежи не са нещо извънредно. Друго е положението ако например падналите валежи са например с 315 % повече от месечната норма за даден период в определен район[116] - това събитие ще има извънреден характер. С други думи, извънредността на обстоятелството е една от отликите на непреодолимата сила, разграничаващи я от случайното събитие. При непреодолимата сила възникналото обстоятелство и последиците му са не просто непредотвратими (защото

---

[114] Вж. Андрейчин, Л. и др. Български тълковен речник. С.: изд. на БАН, 1993, с. 266.

[115] Вж. Кожухаров, А. Цит. съч., с. 220. Във връзка със случайния характер на vis major в решение № 25 от 5.11.2009 г. на РС - Чирпан по гр. д. № 5/2009 г. се приема, че сушата не е непреодолима сила тъкмо „защото е периодично повтарящо се събитие на неравни периоди, по-скоро закономерно отколкото случайно, в който случай предвиждането на сушави години е задължение на добрия търговец, занимаващ се по занятие със селско стопанско производство".

[116] За такава фактическа обстановка вж. решение от 30.04.2003 г. по ВАД № 141/2002 г.

не са предвидени), но и извънредни. Тъкмо заради последната характеристика, обстоятелството не може да бъде преодоляно, дори и да бъде предвидено известно време преди проявлението му[117]. Ако се използва горният пример, това означава, че извънмерните валежи може да се прогнозирани определен период преди настъпването им, но каквито и предпазни мерки да се вземат, последиците са непредотвратими (унищожаването на реколтата няма как да бъде предотвратено). Затова не може да бъде споделено изказаното в литературата становище, че елементът извънредност от легалната дефиниция следва да отпадне[118]. Считам, че разпоредбата е точна в този си елемент и следва да се запази.

Непредотвратимостта е също елемент, визиран в разпоредбата на чл. 306 ТЗ. Но последната го използва като прилагателно само по отношение на събитието. Смятам, че разпоредбата следва да се тълкува разширително. Касае се за непредотвратимост не толкова и не само на настъпилото обстоятелство, колкото на неговите последици. Именно те са съществени за настъпването на противоправния резултат. В този смисъл, чл. 8:108 PECL е по-точен: от нея (*страната* – бел. моя – Я.Н.) не е могло разумно да се очаква... да избегне или преодолее възпрепятстването или последиците му". Разбира се, когато бъде преодоляно самото събитие, въпросът за

---

[117] Тук не става дума за непредвидимостта като категория, която подлежи на преценка към момента на поемане на задължението.

[118] Вж. Калайджиев, А. Облигационно... , с. 315. Авторът не привежда аргументи в подкрепа на тезата си. Считам, че следва да са налице сериозни основания, за да се прави корективно тълкуване на дадена разпоредба. Възможно ли е да е непреодолима сила събитие, което няма извънреден характер?

настъпването на последиците от него не се поставя. Следва да се възрази на изказаното в литературата схващане, че непредотвратимостта не е важна и необходима характеристика на непреодолимата сила[119]. Напротив, тя е един от основните конститутивни елементи, изграждащи същността на института. Това се вижда ясно дори и от наименованието му *непреодолима* сила. Ако едно обстоятелство и неговите последици могат да бъдат преодолени/предотвратени, то изобщо няма да е налице обективна невъзможност на изпълнението. Така, не е достатъчно буйният вятър, довел до прекъсване на електричеството да не е бил предвиден, за да е налице непреодолима сила, щом като аварията е могла да бъде предотвратена при поддържане на електропреносната мрежа в състояние, осигуряващо безаварийност на проводниците при условия на по-силен вятър – вж. определение № 1357 от 01.10.2009 г. по гр. д. № 1010/2009 г., г. к., IV г. о. на ВКС. Както правилно се посочва в последното, преценката за това дали е преодолимо настъпилото събитие е с оглед нивото на развитие на техниката. Това е свързано и с по-общата идея, че непреодолимата сила е непредотвратима не само за конкретния длъжник, но и за обществото като цяло на дадено ниво от неговото развитие.

5.3. Непредвидимост на обстоятелството.

Всъщност ТЗ използва понятието „непредвидено“. Непредвидеността се свързва с фактическата, реална и конкретна липса на представа у длъжника относно настъпването на непреодолима сила и нейните последици. Разпоредбата обаче трябва да се

---

[119] Вж. цитирания от Ангелов, С. Цит. съч., с. 75 автор.

тълкува корективно – касае се за непредвидимост. Необходимо е длъжникът не само да не е предвидил събитието към момента на възникването на задължението, но също да не е могъл и да не е бил длъжен да го направи[120]. Непреодолима сила е събитие, което е непредвидено и непредвидимо от страните. С други думи, преценката за непредвидимост е свързана с това дали от длъжника би могло при конкретната фактическа обстановка да се очаква да е взел възникналото обстоятелство предвид *към момента на поемане на задължението*. Именно последният момент е релевантен, защото тъкмо тогава е обективирана волята му за обвързване.

Трудността вече се проявява когато трябва да се запълни със съдържание бланкетното понятие непредвидимост, извлечено от относително определената норма на чл. 306 ТЗ. Длъжна ли е страната да предвижда събития от всякакъв характер? Природните и човешки катаклизми са предвидими в смисъл, че всеки е наясно, че те могат да се случат. Всеки знае, че е възможно да паднат извънмерно

---

[120] Според Георгиев, А. Непреодолимата сила като основание за освобождаване от отговорност за неизпълнение на задължение, произтичащо от търговска сделка. – Български законник, 2001, № 3, с. 93 непредвидимостта е налице, когато длъжникът не би могъл да предвиди събитието, макар да е положил грижата на добър стопанин и да е направил всичко необходимо за целта. Според автора чл. 79, ал. 1 от Виенската конвенция за международна продажба на стоки от 1980 г. съдържа елементи на концепциите за непредвиденост и непредвидимост, като регламентира компромисен вариант между двете. Това мнение не може да бъде споделено. Чл. 79 от Конвенцията регламентира именно непредвидимост, според застъпваното тук разбиране. Не може да бъде споделено и буквалното тълкуване на чл. 306, ал. 2 ТЗ, според което става дума за непредвидено събитие, а ЗЗД урежда непредвидимост.

количество валежи, да има земетресение или да настъпи сериозен компютърен срив, но до каква степен е необходимо да бъдат взети мерки? Човек може да предвиди всякакви неща, но ако взема мерки за всяка една вероятност от настъпване на такива събития, дейността му, както и целият стопански оборот биха спрели[121]. Очевидно, във всеки конкретен случай, преценката трябва да е на базата на дължимата грижа, от една страна, и риска, който е поел длъжникът, от друга. Когато отговорността е виновна, се взема предвид грижата на добрия стопанин, респ. добрия търговец. Друго е положението при стриктната отговорност. В този случай преценката ще е на основата на това кой е поел риска. На длъжника не му е дадено да оборва презумпцията за вина, за да се освободи, защото, както удачно описва обективната отговорност С. Ангелов – „добрите и благоприятни страни на едно предприятие, една вещ, едно правно положение не бива да се отделят от вредните страни, а напротив, който използва първите, длъжен е да понесе и вторите“[122]. Така, ако превозвачът е приел да превози определен товар, то той е поел и риска от това, по силата на изрични законови норми – чл. 373 ТЗ, чл. 174 КТК, чл. 43 ЗАвП,   чл. 102 ЗГВ и др.

Макар и да е самостоятелен конститутивен елемент на непреодолимата сила, непредвидимостта е тясно свързана с непредотвратимостта на последиците

---

[121] Вж. в този смисъл Конов, Т. Цит. съч., 199-200. Авторът посочва, че „[к]олкото по-сложни и изискващи усилия, в това число и финансови, са мерките срещу дадена възможна опасност, толкова по-нежелано е тяхното предприемане, когато опасността е само *абстрактно възможна*“ (подч. мое – Я.Н.).
[122] Вж. Ангелов, С. Цит. съч., с. 77. Иначе казано, там където свършва рискът, там започва непреодолимата сила.

от събитието. Те представляват двете страни на една и съща монета, което ще бъде илюстрирано с един пример. Така, въоръженият грабеж на хотел, в който клиент е оставил ценности, сам по себе си е непреодолим, щом като хотелиерът не е взел предварително мерки. Но дължимата грижа изисква от хотелиера да е предвидил, че е възможно да се извърши грабеж и да е взел подходящи мерки – такива, каквито са се установили в практиката и които се изискват съобразно грижата на добрия търговец. Ако не го е сторил, той ще отговаря, защото предвиждането на възможните неблагоприятни последици поражда задължението да бъдат взети предпазни мерки, които правят събитието (наемане на допълнителна охрана) и неговите последици (поставяне на камери) преодолимо[123]
.

5.4. Алтернативност или кумулативност на непредвидеността и непредотвратимостта?

Разпоредбата на чл. 306, ал. 2 ТЗ указва на алтернативния характер на двете понятия. Това разбиране се критикува в литературата, в насока, че наличието на непредвиденост и непредотвратимост трябва да е кумулативно, а не алтернативно[124]. Привеждат се редица примери, довеждащи ad absurdum

---

[123] Вж. Beale, H., A. Hartkamp, H. Kötz, D. Tallon (Eds.). Cases, Materials and Text on Contract Law. Oxford and Portland: Hart Publishing, 2002, 594-595 и цитираното там съдебно решение. Авторите посочват, че е по-правилно да се говори за неизбежност, вместо за непредвидимост.

[124] Вж. Голева, П. Цит. съч., 21-22 и Герджиков, О. Цит. съч., с. 52. Че непреодолимата сила е непредвидимо и непредотвратимо събитие се застъпва и в Решение № 961 от 17.10.2008 г. на ВКС по гр. д. № 2875/2007 г., I г. о.; Определение № 199 от 22.03.2012 г. по т. д. № 622/2011 г., т. к., II т. о. на ВКС и др.

резултатите от буквалното прилагане на разпоредбата. Тези възражения са по принцип верни, но с едно съществено възражение. Обстоятелството следва да е непредвидено, освен непредотвратимо при задълженията, поети въз основа на договор и съответно – едностранна сделка. Само в тези случаи е разумно да се преценява дали към момента на поемането на задължението длъжникът е могъл да предвиди или не едно сравнително конкретно определено в бъдещето случване на непреодолимата сила, защото от неговата воля зависи дали ще поеме задължение или не. Ако е предвидил такова стичане на обстоятелствата (отново – достатъчно конкретно), той се обвързва на свой риск, защото е длъжен да действа добросъвестно при поемането на задължението – чл. 12 ЗЗД. Затова категорично следва да се възрази на изразеното в литературата разбиране, че елементът непредвиденост следва да отпадне, тъй като не е определящ[125].

---

[125] Вж. Калайджиев, А. Облигационно… , с. 317. Ако се възприеме това разбиране, означава да се насърчи недобросъвестността на субектите в гражданското и търговското право. Вярно е, че непредвидимостта следва да се оценява на плоскостта абстрактно-конкретно възможно настъпване на непреодолимата сила. Законовото понятие съдържа в себе си достатъчно конкретна и реална опасност от случване на обстоятелството. Ако длъжникът е знаел от прогнозата за времето за валежи, многократно надвишаващи нормалните норми и се е задължил преди да е настъпило събитието, следва ли да го освободим от отговорност? Никой – нито длъжникът, нито обществото като цяло може да предотврати тези наднормени валежи. Те са непредотвратими. Но не и непредвидими – ако към момента на сключване на договора бъдещото им случване е достатъчно реално и конкретно. Друг е въпросът за земетресения и др. събития, които са само абстрактно възможни и поради това не можем да искаме от длъжника да взема мерки извън обичайните. Но те са предвидими на обществено равнище дотолкова, доколкото следва да се положи дължимата в оборота грижа от евентуално настъпване на земетресението –

Обратно – непредвидимостта е ирелевантна в случаите на извъндоговорна отговорност, защото тогава длъжникът просто не е изразявал воля за поемане на задължение, за да се преценява непредвидима ли е била непреодолимата сила. Вярно е, че разпоредбата на чл. 306, ал. 1 ТЗ уточнява, че става дума за „търговска *сделка*" (курс. мой – Я.Н.). Но както вече беше отбелязано, институтът на непреодолимата сила намира приложение не само в търговското, но и в гражданското право далеч преди да бъде приета разпоредбата на чл. 306 ТЗ. Същевременно последната се прилага съответно за облигационните отношения. Има редица случаи на деликтни състави, уредени в ЗЗД, при които отговорността е обективна и тълкувателната практика на Върховния съд отдавна е установила, че освобождаването от отговорност може да се реализира само при непреодолима сила и изключителна вина на пострадалия или на трето лице – ПП на ВС № 7 от 1959 г. При отговорността за вреди, причинени от „неспособен" – чл. 47, ал. 2 ЗЗД, както и при тази за

например строеж на сграда, склад и пр. по определените стандарти. В заключение се поставя въпросът – ако длъжникът е предвиждал настъпване на непреодолима сила, водеща до невъзможност за изпълнение, тогава защо се е обвързал? Наистина в случаите на извъндоговорна отговорност, както ще стане дума по-долу, непредвидимостта не е елемент от фактическия състав на непреодолимата сила. Но при договорната отговорност тя е безусловно необходим елемент. Вероятно мнението на автора е заимствано от по-старата търговскоправна доктрина. Така Ганев, В. Цит. съч., с. 57 приема, че „[v]is е случайно събитие, което не може да бъде **предвидено** от гледището на средните общочовешки познания, а *vis major* е събитие, което не може да бъде **предотвратено** с обикновените средства, с които разполага един превозвач" (подч. мое – Я.Н.). Оттук – гледището, че непредвидимостта е белег, който характеризира случайното събитие, а непредотвратимостта – непреодолима сила.

вреди, причинени от непълнолетни и малолетни – чл. 48 ЗЗД, за освобождаването се изисква от отговарящия да не е бил „в състояние да *предотврати* настъпването" на вредите (курс. мой – Я.Н.) – чл. 47, ал. 2 и чл. 48, ал. 3 ЗЗД. Но не се поставя изискването за непредвидимост на събитието, респ. на вредите. Логиката на това разрешение е очевидна – не става дума за доброволно поемане на задължение, чиито последици страната да може да определя, за да се взема под внимание предвидимостта на бъдещите събития. С оглед на изложеното считам, че непредвидимостта не е необходим елемент от дефиницията на непреодолима сила, що се отнася до извъндоговорната отговорност и обратно – в случая на договорна отговорност непредотвратимостта и непредвидимостта следва да са налице кумулативно, каквото е и тълкуването на доктрината и на съдебната практика[126]. Затова ще е най-добре законодателят да разпише това разбиране нормативно, диференцирайки двете посочени хипотези, за да съответства легалната дефиниция на останалата нормативна уредба и на обществените отношения. Друг е въпросът доколко законодателят следва да закрепва нормативни дефиниции и не е ли това задача на доктрината. Обратното поражда риска нормативната дефиниция да не обхване в себе си всички възможни хипотези, което и ще породи необходимостта от прибягване до корективно тълкуване.

---

[126] В полза на разбирането, че непредвидимостта и непредотвратимостта са два кумулативно изискуеми белега вж. Определение № 220 от 23.04.2010 г. по т. д. № 1071/2009 г., т. к., II т. о. на ВКС.

6. Допълнителни изисквания.

6.1. Задължение за уведомяване.

Важно е да се отбележи, че самото уведомяване от страна на длъжника за наличието на непреодолима сила и за нейните последици не е елемент от фактическия състав на института, а е проявление на правното действие на vis major[127]. Този извод може да бъде извлечен от разпоредбата на чл. 306, ал. 3 ТЗ, която указва на факта, че непреодолимата сила е вече настъпила, за да може длъжникът да уведоми насрещната страна за нея. При неуведомяване се дължи обезщетение за настъпилите от това вреди. Но се дължи обезщетение не за всички вреди от неизпълнението, а само за конкретните вреди, настъпили от неуведомяването. Иначе казано, подлежат на обезщетение вредите, които е могло да бъдат избегнати в случай на своевременно уведомяване. Преценката за размера им е фактическа и зависи от конкретния случай. Връчването на препис от жалбата и приложенията към нея, не представлява писмено уведомяване от длъжника за настъпилата непреодолима

---

[127] Обратно решение № 196 от 11.07.2008 г. на ВтАС по в. гр. т. д. № 167/2008 г., ГК, според което писменото уведомление в подходящ срок от длъжника до другата страна в какво се състои непреодолимата сила и възможните последици от нея за изпълнението на договора е елемент от фактическия състав на vis major. Че уведомяването е предпоставка за отпадането на отговорността се приема и в решение № 25 от 5.11.2009 г. на РС - Чирпан по гр. д. № 5/2009 г. Това разбиране е contra legem и не може да бъде споделено. То неоправдано препятства възможността длъжникът да се позове на непреодолима сила, макар и да не е уведомил другата страна писмено за нея и за възможните ѝ последици. Затова считам, че тази неправилна съдебна практика трябва да бъде изоставена час по-скоро. Още повече, че според мен de lege ferenda следва да отпадне писмената форма на уведомяването.

сила – решение от 17.12.2009 г. по гр. д. № 2114/2009 г. на Районен съд - Стара Загора.

Струва ми се, че е разумно да се направи предложение de lege ferenda, вземащо предвид достиженията частноправните кодификации DCFR и PECL, да се изостави изискването уведомлението да е писмено, както и да се постави начален момент, от който започва да тече подходящият срок, а именно – моментът, в който длъжникът е узнал или е могъл да узнае за настъпването на непреодолимите обстоятелства. Писмената форма, която изисква нашият ТЗ наистина може да улесни доказването. Но щом като уведомлението може да се установи и по друг начин, защо да се ограничава длъжникът в начина, който ще избере. Ratio legis на уведомлението е кредиторът да вземе мерки, за да ограничи вредите. Колкото по-бързо това стане, толкова по-добре, а изискваната от закона форма само може да забави узнаването. Въвеждането на начален момент на срока е с оглед на яснота.

7. Последици от непреодолимата сила.

Съгласно чл. 306, ал. 4 ТЗ, докато трае непреодолимата сила, изпълнението на задълженията и на свързаните с тях насрещни задължения се спира. На пръв поглед може да се стигне до извода, че спирането трае до момента, в който изчезне обстоятелството, причинило невъзможността. Но това не е достатъчно. Изпълнението се отлага, докато премине не само непреодолимата сила, но и нейните неблагоприятни последици, препятстващи изпълнението. Може да се остане с впечатлението, че това правило намира приложение само в областта на търговското право. Както се посочи обаче, уредбата на непреодолимата сила в ТЗ намира приложение и в гражданското право.

Следователно алинея 4 на чл. 306 ТЗ има сила и в гражданското право[128].

Другата възможна последица е прекратяване на договора. Прекратяването, на първо място, се свързва с едно трайно присъствие на непреодолимата сила и нейните последици, препятстващо изпълнението. Затова чл. 306, ал. 5 ТЗ дава правото на прекратяване, когато *непреодолимата сила трае толкова* (подч. мое – Я.Н.), че страната няма интерес от изпълнението. Но това разрешение съдържа в себе си и невъзможността при т.нар. фикс-сделки, при които независимо от продължителността на невъзможността, кредиторът губи интерес от изпълнението. Правилно в литературата се отбелязва, че не е без значение в чия полза е уговорен срокът за изпълнение при такива сделки[129]. Мисля, че разрешението в чл. 306, ал. 5 ТЗ, даващо избора на страната дали да прекрати договора, е по-добро от това на чл. 89 ЗЗД, уреждащ разваляне по право. Считам, че по принцип трябва да се избягва хипотезата на т.нар. автоматично прекратяване, освен в случаи на абсолютна и трайна невъзможност. Това може да се илюстрира с един пример[130]. Ученици наемат ресторант, за да отпразнуват абитуриентския си бал на определена дата. През нощта преди събитието късо съединение причинява сериозна повреда на осветлението на ресторанта. Собственикът на ресторанта е в обективна невъзможност да изпълни. Учениците може да нямат интерес събитието да се проведе на по-късна дата. Но може и да предпочетат собственикът да им предостави ресторанта след

---

[128] Вж. Калайджиев, А. Облигационно... , с. 313.
[129] Вж. Меворах, Н. Цит. съч., с. 81.
[130] Пак там, с. 81.

няколко дни, когато вече повредите са отстранени. Обратно, собственикът на ресторанта не може да иска от учениците да ползват ресторанта в друг ден, защото срокът е установен в полза на учениците.

Въпросът има и друга страна. Ако кредиторът е изгубил интерес и прекрати договора, кой ще обезщети длъжника за вредите[131] – последният може да е продал купените от него стоки, преди да ги получи, възможно е да става дума за vente à livrer (продажба при доставка)? Отговор дават правилата за разпределение на риска[132]. Така например, ако става дума за преминала вече собственост на една вещ върху купувача, настъпилата впоследствие обективна невъзможност за продавача да предаде вещта е за риск на купувача – вещта погива за собственика.

Според преобладаващото мнение в съдебната практика, прекратяването по чл. 306, ал. 5 ТЗ има действие занапред[133]. Прекратяването на договорите, когато е предвидено в закона, е различно от развалянето и разпоредбите, където законодателят говори за прекратяване – чл. 306, ал. 5, чл. 307 ТЗ, чл. 20а, ал. 2 и чл. 25 ЗЗД, дават основание да се приеме, че законодателят свързва прекратяването на договорната връзка за в бъдеще, а не с обратно действие. Прекратяването на договора е понятие, което изразява едностранно прекратяване на съществуващата договорна връзка поради наличие на законово основание или предвидена в самия договор възможност. В случая е налице законово основание – чл. 306, ал. 5 ТЗ. Употребеният от законодателя термин „прекрати"

[131] Пак там, с. 81.
[132] Вж. Кожухаров, А. Цит. съч., 224-229.
[133] Така Решение № 1694 от 11.11.2002 г. на ВКС по гр. д. № 1265/2002 г., V г. о.; Решение от 5.02.2008 г. по ВАД № 77/2007 г.

не е случаен. Той указва на факта, че правоотношението се прекратява занапред. Обаче ако поради факта, че срещу задължението, чиито изпълнение е станало невъзможно поради обективна невъзможност, стои съответстващо задължение на другата страна, считам, че ако последното е изпълнено, при прекратяване по чл. 306, ал. 5 ТЗ даденото трябва да бъде върнато по правилата за връщане на даденото.

8. Заключение.

Непреодолимата сила е един от спорните институти на правото. Това произтича не само от факта, че уредбата ѝ в Търговския закон е сравнително нова, но и защото приложението на този институт е извънредно – в редките случаи, които са от такова измерение, че принципът pacta sunt servanda трябва да отстъпи място. Това означава, че използването на непреодолимата сила е нужно да е по изключение, но това не означава неизяснено. Налице са редица несъвършенства на уредбата, които са предмет на критика и корективно тълкуване от страна на доктрина и практика. В също време и в доктрината не съществува концептуално кохерентна идея за конститутивната същност на института. А наличието на един общ пазар в рамките на Европейския съюз изисква предвидимост от страна на стопанските субекти кога ще могат да бъдат освободени от отговорност при невъзможност. За тази цел е необходимо изграждането на сравнително единно понятие за непреодолима сила в различните държави-членки на Съюза. Няколко работни групи по хармонизиране на частното право работят по този въпрос от години.

De lege ferenda следва да бъдат препоръчани известни корекции на разпоредбата, като например: да се премахне изискването за писмена форма на уведомяването; да се посочи откога започва да тече срокът за уведомяване; да се замени терминът „събитие" с по-подходящ, като например „обстоятелство"; „непредвидено" да се замени с „непредвидимо" или да се изложат обяснително понятията непредвидимост и непредотвратимост, както и да се уреди мястото и отношението между двете; да се уреди правното действие на прекратяването и възможността да се реституира полученото срещу задължението, станало невъзможно.

БИБЛИОГРАФИЯ

1.   *Андреев, М.* Римско частно право. С.: Софи-Р, 1992

2.   *Андрейчин, Л.* и др. Български тълковен речник. С.: изд. на БАН, 1993

3.   *Ангелов, С.* Понятието vis major. – Търговско право, 1999, № 5

4.   *Ангелов, С.* Стопанска непоносимост на изпълнението. – Търговско право, 2002, № 5

5.   *Апостолов, И.* Облигационно право – общо учение за облигацията. С.: 1947

6.   *Гайдаров, П.* Граници на договорната и деликтната отговорност. С.: Сиела, 2011

7.   *Ганев, В.* Записки по търговско право. Том втори – Специални търговски сделки (договори) и менителница. С.: Печатница С. М. Стайков, 1914

8.   *Георгиев, А.* Непреодолимата сила като основание за освобождаване от отговорност за неизпълнение на задължение, произтичащо от търговска сделка. – Български законник, 2001, № 3

9.   *Георгиев, А.* Практически аспекти на приложението на чл. 306 ТЗ в търговските отношения. – Търговско и конкурентно право, 2009, № 9

10.   *Герджиков, О.* (в съавт.) Коментар на търговския закон. Кн. I. С.: Софи-Р, 2007

11.   *Герджиков О.* Търговски сделки, С.: Труд и право, 2008

12.   *Голева, П.* Непреодолимата сила и нейното прилагане в съдебната и арбитражната практика. – Пазар и право, 2004, № 4

13.   *Диков, Л.* Институтът на clausula rebus sic stantibus в частното право. – Търговско право, 1994, № 1

14.   *Диков, Л.* Институтът на clausula rebus sic stantibus в частното право (прод. от бр. 1/1994 г.). – Търговско право, 1994, № 2

15.   *Дюнан, Ж., П. Пишона.* Римско право – речник на основните термини. С.: Сиела, 2007

16.   *Иванова, Р., Б. Пунев, С. Чернев.* Коментар на новия граждански процесуален кодекс. С.: Труд и право, 2008

17.   *Калайджиев, А.* Облигационно право. Обща част. С.: Сиби, 2007

18.   *Калайджиев, А.* Облигационно право. Обща част. С.: Сиби, 2013

19.   *Калайджиев А.* Търговско право – обща част. С.: Труд и право, 2010

20.   *Кожухаров, А.* Облигационно право – общо учение за облигационното отношение. Кн. I (ред. О. Герджиков). С.: Софи–Р, 1996

21.   *Конов, Т.* Основание на гражданската отговорност. – Във: Подбрани съчинения. С.: Сиела, 2010

22.   *Матеева, Е.* Необходими промени в уредбата на стопанската непоносимост по чл. 307 от Търговския закон. – Във: Съвременното право – проблеми и тенденции. С.: Сиби, 2011

23.   *Меворах, Н.* Vis major. – Търговско право, 2002, № 5

24.   *Павлова, М.* Гражданско право – обща част, С., 2002

25.   *Стайков, И.* Институтът на clausula rebus sic stantibus в действащото българско търговско право. – Съвременно право, 1998, № 1

26.   *Сталев, Ж., А. Мингова, В. Попова, Р. Иванова.* Българско гражданско процесуално право. С.: Сиела, 2004

27.   *Стойчев, К.* Измененията на договорните задължения поради промяна в обстоятелствата: исторически и сравнителноправен анализ на възгледа. – Правна мисъл, 1997, № 2

28.   *Таков, К.* Предварителни договори – някои неизяснени аспекти. – Търговско право, 2004, № 1

29.   *Ташев, Р.* Обща теория на правото. С.: Сиби, 2005

30.   *Ташев, Р.* Теория на тълкуването. С.: Сиби, 2007

31.   *Тончев, Д.* Коментар върху Закона за задълженията и договорите. Том V. С.: Книжарницата Ц. Н. Чолаков, 1930

32.   Закон за задълженията и договорите. Поредица джобни издания. Съст., прев. и анот. *К. Таков*, 7. изд., С: Сиби, 2010

33.   *Beale, H., A. Hartkamp, H. Kötz, D. Tallon* (Eds.). Cases, Materials and Text on Contract Law. Oxford and Portland: Hart Publishing, 2002

34.   *Beatson, J., D. Friedmann.* Good faith and fault in contract law. New York: Oxford University Press, 1997

35.   *Berger, A.* Encyclopedic Dictionary of Roman Law. Philadelphia: The American Philosophical Society, 1991

36.   *Bineva, V.* Change of Circumstances. In: Antoniolli, L., F. Fiorentini (Eds.). A Factual Assessment of the Draft Common Frame of Reference. Munich: Sellier. European law publishers, 2011

37.   *Brunner, Ch.* Force Majeure and Hardship under General Contract Principles: Exemption for Non-performance in International Arbitration. Netherlands: Kluwer Law International, 2009

38.   *Crowe, M. B.* The Changing Profile of the Natural Law. Great Britain: Springer, 1977

39.   *Hartkamp, A., E. Hondius.* Towards a European civil code. Nijmegen: Kluwer Law International, 2004

40.   *Hesselink, M., G.J.P. de Vries.* Principles of European Contract Law.: Kluwer, 2001

41.   *MacQueen, H., A. Vaquer, S. Espiau* (Eds.). Regional private laws and codification in Europe. Cambridge: Cambridge University Press, 2003

42.   *McKendrick, E.* Contract Law – Text, Cases, and Materials. New York: Oxford University Press, 2008

43.   *Narang, P.* Encyclopaedic Dictionary of Business Organization. V. I. New Delhi: Sarup & Sons, 1999

44.   *Schermaier, M.* Mistake, Misrepresentation and Precontractual Duties to Inform: The Civil Law Tradition. In: Sefton-Green, R. Mistake, Fraud and Duties to Inform in European Contract Law. Cambridge: Cambridge University Press, 2005

45.   *von Bar, Ch., E. Clive, H. Schulte-Nölke, H. Beale, J. Herre, J. Huet, M. Storme, S. Swann, P. Varul, A. Veneziano, F. Zoll* (Eds.). Principles, Definitions and Model Rules of European Private Law: Draft Common Frame of Reference (DCFR). Outline Edition. Munich: Sellier. European law publishers, 2009

46.   *Zimmermann, R.* Roman law, contemporary law, European law: the civilian tradition today. New York: Oxford University Press, 2001

47.   *Zimmermann, R.* The law of obligations: Roman foundations of the civilian tradition. New York: Oxford University Press, 1996

www.ingramcontent.com/pod-product-compliance
Lightning Source LLC
Chambersburg PA
CBHW021438170526
45164CB00001B/297